Ursula Lassert

Bergedorfer® Grundschulpraxis

Englisch

4. Klasse

Band 2

Gedruckt auf umweltbewusst gefertigtem, chlorfrei gebleichtem und alterungsbeständigem Papier

1. Auflage 2005
© Persen Verlag GmbH, Horneburg
Alle Rechte vorbehalten.

Das Werk und seine Teile sind urheberrechtlich geschützt. Jede Nutzung in anderen als den gesetzlich zugelassenen Fällen bedarf der vorherigen schriftlichen Einwilligung des Verlages.
Hinweis zu § 52 a UrhG: Weder das Werk noch seine Teile dürfen ohne eine solche Einwilligung eingescannt und in ein Netzwerk eingestellt werden. Dies gilt auch für Intranets von Schulen und sonstigen Bildungseinrichtungen.

Beratende Tätigkeit: Dagmar Hüserich
Illustrationen: Marion El-Khalafawi
Satz: media.design, Neumünster

ISBN 3-8344-**3957**-6

Inhaltsverzeichnis

1	**Didaktische Überlegungen**	**5**
	1.1 Der Fremdsprachenunterricht in der Grundschule	5
	1.2 Ziele des Englischunterrichts in der Grundschule	5
	1.3 Die geeignete Lernatmosphäre	6
	1.4 Anleitung zur Eigenverantwortlichkeit	6
	1.5 Die mündliche Sprache	6
	1.6 Lesen und Schreiben	7
	1.7 Die Verzahnung des reproduzierenden und des produzierenden Lernens	7
	1.8 Das Prinzip der Einsprachigkeit	7
	1.9 Der Einsatz der Arbeitsblätter	8
	1.10 Mit vielen Sinnen lernen	8
	1.11 Partner- und Gruppenarbeit	8
	1.12 Grammatik und Nachdenken über Sprache	8
	1.13 Die Verwendung von Ritualen	9
	1.14 Der Einsatz von Lach-Yoga	9
	1.15 Der Wortschatz	10
	1.16 Interkulturelles Lernen	10
	1.17 Fächerübergreifendes Lernen	10
2	**Hinweise zu den Unterrichtsstunden**	**11**
3	**Tabelle: Themenübersicht**	**12**
4	**Spiele**	**13**
5	**Unterrichtsstunden 41–80**	**15**
	Stunde 41–43 Animals/Noah's ark	15
	Stunde 44 Toys	28
	Stunde 45 Ordinal numbers/Months	31
	Stunde 46 Activities/The time of day	33
	Stunde 47 Musical instruments	36
	Stunde 48 Animals in the garden	39
	Stunde 49/50 Book: The Very Hungry Caterpillar	42
	Stunde 51 In a café	45
	Stunde 52 My bike	48
	Stunde 53 Fable: The Ant and the Grasshopper	50
	Stunde 54 The house	53
	Stunde 55 How people live	58
	Stunde 56 Traffic/Great Britain	62
	Stunde 57 Flowers in spring	65
	Stunde 58 Activities/The house	71
	Stunde 59 Pets/Prepositions	73
	Stunde 60/61 Fairytale: The Three Little Pigs	76

Stunde 62	In a restaurant	81
Stunde 63	Numbers	84
Stunde 64	Activities/Summer in the garden	88
Stunde 65	Anglophone countries of the world	90
Stunde 66	Fairytale: The Elephant and the Mouse	92
Stunde 67	Cooking (potato soup)	95
Stunde 68	Sightseeing in London (Teil 1)/Vehicles	97
Stunde 69	Sightseeing in London (Teil 2)	101
Stunde 70	Asking for the way	106
Stunde 71	Activities	108
Stunde 72	The weather/Europe	111
Stunde 73	Great Britain	115
Stunde 74	Table manners	119
Stunde 75	Hobbies	121
Stunde 76	At the doctor's	125
Stunde 77	Traffic	125
Stunde 78	Possession	130
Stunde 79	Adjectives/Comparisons/Clothes	132
Stunde 80	Activities/Holidays	134

6 Anhang — 136

6.1 Vokabeln — 136
6.2 Kurzinformationen zu englischsprachigen Ländern — 137
6.3 Lieder und Gedichte — 138
6.4 Englische Kinderliteratur — 138

1 Didaktische Überlegungen

1.1 Der Fremdsprachenunterricht in der Grundschule

Vieles spricht für den frühen Einstieg in eine Fremdsprache.

▷ Kinder im Grundschulalter übernehmen unreflektiert Neues, ihre Fähigkeit – durch Nachahmen und Nachsprechen zu lernen – ist besonders groß, **Reime, Lieder und Spiele** wecken noch Begeisterung.

▷ Kinder können Fremdes als normal erleben, um Ausländerfeindlichkeit vorzubeugen.

▷ Das Weltbild der Kinder wird durch die andere Denkweise, die der neuen Sprache zugrunde liegt, erweitert.

▷ Der Fremdsprachenunterricht erweitert die Handlungsfähigkeit der Kinder über die muttersprachlich geprägte Welt hinaus. Schon in der Grundschule begegnen die Kinder durch ausländische Mitschüler und Mitschülerinnen anderen Sprachen und erkennen die Vorteile, mehrere Sprachen zu beherrschen.

1.2 Ziele des Englischunterrichts in der Grundschule

▷ Interesse und Freude am Sprachenlernen vermitteln.

▷ Grundlegende sprachliche Mittel anbieten, die in einfachen Alltagssituationen gelernt und gefestigt werden.

▷ Den Kindern die Möglichkeit geben, sich mit einfachen Texten durch Hören, Lesen und Sprechen auseinander zu setzen und so Englisch als Schlüsselsprache zu entdecken.

▷ Den Kindern Techniken und Methoden vermitteln, damit sie erfolgreich lernen können.

▷ Eine gesicherte sprachliche Grundlage von Kenntnissen, Fähigkeiten und Fertigkeiten aufbauen, auf der die weiterführenden Schulen ab dem 5. Schuljahr aufbauen können.

Am Ende des 4. Schuljahres sollten die Kinder folgende konkrete Fertigkeiten erworben haben:

Hörverstehen:

▷ Erfassen typischer englischer Laute und Lautverbindungen.
▷ Verstehen kurzer Arbeitsanweisungen (classroom phrases), Sätze und Texte und darauf handelnd reagieren.
▷ Verstehen, wovon gesprochen wird, wenn Dinge des alltäglichen Lebens beschrieben werden.
▷ Fragen nach persönlichen Vorlieben und Abneigungen verstehen und mit einfachen sprachlichen Äußerungen darauf antworten.

Lesen und Sprechen:

▷ Erkennen von Wörtern und einfachen Sätzen, z. B. auf Schildern und in Katalogen.
▷ Korrektes Nachsprechen von Lauten und Lautfolgen.
▷ Anwenden des richtigen Tonfalls.
▷ Selbstständiges Formulieren von kurzen Sätzen.
▷ Vorlesen bekannter Texte (Gedichte und Lieder).
▷ Beschreiben von Gegenständen und Lebewesen.

1 Didaktische Überlegungen

1.3 Die geeignete Lernatmosphäre

Wichtig ist, dass eine geeignete Atmosphäre geschaffen wird: Im Klassenzimmer liegen englische Kinderbücher, englisches Spielgeld und geeignete Spiele aus; Bilder/Kalender aus England und eine englische Fahne schmücken die Wände des Klassenzimmers.
Dazu gehört aber auch, dass die Kinder sich sicher und geborgen fühlen, dass sie keine Angst vor Kritik und Abwertung zu haben brauchen.

Die Schülerinnen und Schüler sollen erfahren, dass sie Fehler machen dürfen und dass trotz der Fehler eine Verständigung möglich ist. Dazu ist es nötig, dass Leistungen anerkannt und gelobt werden, Fehler zwar berichtigt, aber nicht weiter beachtet werden.

1.4 Anleitung zur Eigenverantwortlichkeit

Von Anfang an sollten die Kinder dazu angehalten werden, Verantwortung für das eigene Lernen zu übernehmen. Dazu ist die Vermittlung von Lerntechniken nötig, die ihnen helfen, die Fremdsprache **selbstständig** zu lernen, z. B. durch das Erstellung von Wörterlisten, das Nachschlagen im Wörterbuch, das Sammeln und Ordnen von Lernergebnissen.

Die Schülerinnen und Schüler sollten dazu angeregt werden, parallel zum Unterricht ein **Tagebuch** zu führen, in das sie hineinschreiben, was sie an der englischen Sprache beobachtet und entdeckt haben.

Selbst erstellte Blätter zu verschiedenen Themen wie „Diese Tiere kenne ich", „Diese Kinderbücher kenne ich", „Das kann ich auf Englisch über mich sagen" oder Bastelergebnisse (in Umschlägen) und Wörterlisten können das Tagebuch ergänzen.
Zusammen mit den Arbeitsblättern der „Bergedorfer Grundschulpraxis Englisch" ergibt sich am Ende der Grundschulzeit eine ausführliche Dokumentation ihrer Lernfortschritte im Englischunterricht.

Es ist ratsam, hin und wieder das Tagebuch hervorzunehmen und gemeinsam zu besprechen.

1.5 Die mündliche Sprache

Der Sprachunterricht umfasst das Sprechen der Fremdsprache, den Umgang mit Texten und Medien, interkulturelles Lernen und das Sprachenlernen-Lernen. Dabei steht der **mündliche Spracherwerb** im ersten Lernjahr im Vordergrund. Geeignete Mittel hierfür sind Aufgaben zum Hörverstehen, Vor- und Nachsprechübungen, Benennungsübungen, Spiele, Rätsel, Reime, Lieder und das Ausmalen von Bildern zum jeweiligen Thema.
Ebenfalls dazu gehören auch kurze szenische Darstellungen, Rollen-, Puppen- und Ratespiele.

Wichtig ist das Schaffen lebendiger Sprachsituationen, in denen die Fremdsprache als soziales Verständigungsmittel erlebt wird. Kurze Dialoge und Spiele ermöglichen es den Kindern, sich in die entsprechenden Personen hineinzuversetzen. Auf diese Art und Weise eignen sich die Schüler die Sprache **aktiv und handelnd** an.
Später kommen Spiel- und andere Dialogszenen hinzu, die die Möglichkeiten bieten, das neu Gelernte auf verschiedene Arten anzuwenden und einzuüben.
Im Unterricht wird das Prinzip des Themen- und Situationsbezugs sprachlichen Lernens ebenso wie das Prinzip des spielerischen, darstellenden und gestaltenden Lernens verwirklicht.

Didaktische Überlegungen

1.6 Lesen und Schreiben

Das geschriebene Wort tritt hier (abgesehen vom Schreiben der englischen Namen) erst zu einem späteren Zeitpunkt auf, denn das Schriftbild sollte nicht vor dem Einführen und Sichern von neuen Lauten und Wörtern erscheinen.
Zunächst geht es auch nur um lesendes Erfassen, um das Zuordnen von Text und Bild. Erst dann darf geschrieben werden.

Hören, Verstehen, Sprechen, Lesen und Schreiben ist die erfolgversprechende Reihenfolge beim Erlernen einer Fremdsprache. Lesen und Schreiben sind dabei lernunterstützende Elemente, keineswegs Selbstzweck.

Lesen wird geübt mit Hilfe von Wortkarten, Verknüpfungen von Wort und Bild, selbst gebastelten Domino- und Memory-Spielen, Zuordnen von Sprechblasen und mit einfachen Kinderbüchern.
Schreiben wird geübt durch das Herstellen von eigenen Wortkarten, durch das Anlegen von Wörterlisten, durch Rätsel, Kartenschreiben, Ausfüllen von Lückentexten und Sprechblasen, Beschriften von Bildern usw.
Das Schreiben der englischen Sprache stellt hohe Anforderungen an die Aufmerksamkeit und Konzentrationsfähigkeit der Kinder, da Schriftbild und Aussprache im Englischen besonders stark voneinander abweichen.

1.7 Die Verzahnung des reproduzierenden und des produzierenden Lernens

Auf vielfältige Art und Weise werden Wörter und Satzstrukturen geübt, denn Sprachenlernen ist ein komplexer Prozess, der nicht linear abläuft, sondern spiralförmig: Jeder neue Lernschritt greift immer wieder den bekannten Wortschatz und bekannte Strukturen auf. So wird Neues mit bereits Gelerntem verknüpft.

Item learning (Aufnehmen, Reproduzieren) und *system learning* (Strukturieren, Produzieren) sind eng miteinander verbunden. Es findet ein Zusammenspiel statt zwischen dem Sprechen, dem Schreiben, der Verwendung des Wortschatzes *(item learning)*, dem Vergleichen von Wörtern und Formen, dem Erkennen von Beziehungen zwischen Lauten und Buchstaben, dem Umsetzen von Rede- und Schreibabsichten *(system learning)*. Die Schüler und Schülerinnen bewegen sich also auf unterschiedlichem Niveau durch dieselben Erfahrungsfelder.

1.8 Das Prinzip der Einsprachigkeit

In dem vorliegenden Englischlehrgang wird das Prinzip der Einsprachigkeit weitgehend eingehalten, d. h. der Unterricht findet fast ausschließlich in der englischen Sprache statt.
Mit Hilfe von **Gestik und Mimik** und dem situativen Kontext lassen sich nicht nur viele Wörter, Wendungen und Sätze einführen, sondern auch Fragen stellen, Arbeitsanweisungen geben, kurze Texte vorlesen, ohne dass die deutsche Sprache zu Hilfe genommen werden muss.

Die Einsprachigkeit wird hier unterstützt durch den Einsatz von Overheadfolien, Bildkarten, einer Handpuppe und realen Gegenständen.

Deutsch sollte nur gesprochen werden, wenn der Gebrauch der englischen Sprache zu umständlich und zeitaufwändig ist.
Beim Vergleichen der englischen Sprache mit dem Deutschen kann die deutsche Sprache hinzugezogen werden.
Das gemeinsame Nachdenken über sprachliche Phänomene und das Sprechen über den experimentierenden Umgang mit Sprache erfordert ebenfalls den deutschen Sprachgebrauch.

1 Didaktische Überlegungen

1.9 Der Einsatz der Arbeitsblätter

Arbeitsblätter bringen Abwechslung in den Unterricht, sie veranschaulichen und festigen die neue Sprache. Sie ergänzen die Aktivitäten des Unterrichts und bringen eine Phase der Ruhe und Selbstbesinnung in den Unterricht.

Die Kinder können die in diesem Lehrgang enthaltenen Arbeitsblätter zusammen mit eigenem Material sammeln und in einem Ordner zusammenfassen, der dann am Jahresende einen kompletten Überblick über das Gelernte ermöglicht.

1.10 Mit vielen Sinnen lernen

Bei allem Neuen ist es nötig, dass immer mit möglichst vielen Sinnen gelernt wird. Beide Gehirnhälften sollten angesprochen werden: die linke, die Strukturen und Begriffe speichert, und die rechte, die Bewegungsabläufe, Rhythmen, Stimmungen, Düfte und Melodien aufnimmt.
So können angenehme Düfte, Stimmungen und Melodien dazu beitragen, dass sich die Schülerinnen und Schüler schneller, besser und lieber an das Gelernte erinnern.

Das Anwenden von Wortfolgen und Satzmustern wird bei Reimen und Liedern durch die Rhythmik des Versmaßes und die Melodie unterstützt.
Das hilft, Sprechhemmungen abzubauen und relativ schnell zu Erfolgserlebnissen in der fremden Sprache zu kommen. Das so Gelernte kann schon bald kreativ weiterverwendet werden, es können fremdsprachliche Elemente wahrgenommen, analysiert und verstanden werden.

1.11 Partner- und Gruppenarbeit

Um möglichst vielen Kindern im Unterricht die Gelegenheit zum Sprechen zu geben, wiederholt zunächst die ganze Klasse die neuen Wörter und Sätze, danach kleine Gruppen und schließlich einzelne Kinder. Erst dann stellen sich die Schülerinnen und Schüler gegenseitig Fragen und geben die entsprechenden Antworten.

In Gruppen- und Partnerarbeit kann das Gelernte anschließend jeweils in einem Zeitraum von einigen Minuten geübt und gefestigt werden. Dabei wendet sich die Lehrerin/der Lehrer immer wieder den einzelnen Gruppen zu, um zu helfen, zu korrigieren oder zu loben.

1.12 Grammatik und Nachdenken über Sprache

Auf die Vermittlung von grammatikalischen Kenntnissen wird im Fremdsprachenunterricht der Grundschule verzichtet. Es sollen aber gelegentlich Sprachvergleiche angestellt werden, z. B. wenn die Kinder über bestimmte Eigenarten der neuen Sprache stolpern (z. B. bei der Pluralbildung) oder Ähnlichkeiten mit dem Deutschen erkennen.

Didaktische Überlegungen

1.13 Die Verwendung von Ritualen

Im Englischunterricht sollten bestimmte Rituale eingehalten werden, die sich von denen anderer Stunden unterscheiden. Die Rituale vermitteln mit der Zeit ein Gefühl des Vertrauens, der Sicherheit und der Geborgenheit.
Ein ganz wichtiges Ritual ist die **englische Begrüßung** am Anfang jeder Stunde sowie die **englische Verabschiedung** am Ende des Unterrichts. Dieses Ritual ist Teil jeder Stunde. Aus Platzgründen wurde in den Stundenverläufen nicht jedes Mal darauf hingewiesen.
Weitere Rituale können das Nennen von Tag und Datum, ein Begrüßungslied, der tägliche Wetterbericht, ein bestimmter Reim oder eine andere Begrüßungszeremonie sein.

1.14 Der Einsatz von Lach-Yoga

Zu Beginn der Englischstunden oder als Unterbrechung (max. zwei oder drei Lach-Yoga-Übungen pro Unterrichtsstunde) ist Lach-Yoga bestens geeignet, Ruhe und Konzentration im Unterricht zu fördern, da die Übungen den Kindern die Möglichkeit geben, sich physisch und psychisch zu entladen.
Das Lachen und die Bewegungen bewirken, dass durch das vermehrte Einatmen die Leistungsfähigkeit des Gehirns vergrößert und gleichzeitig der Geist beruhigt wird.

Den Lach-Yoga-Übungen sollte jeweils eine **Atemübung** vorausgehen.

Atemübung
Wir stehen mit leicht gespreizten Beinen und herabhängenden Armen. Wir kreuzen die Arme vor der Brust und beugen uns nach vorn. Die Arme bewegen sich nach unten und in einem weiten Bogen über den Kopf. Dabei richten wir uns allmählich tief einatmend auf.
Wir stehen auf Zehenspitzen mit nach oben gereckten Armen und versuchen den Atem lange anzuhalten. Schließlich atmen wir langsam wieder aus. (Mehrmals wiederholen.)

Lach-Yoga-Übungen für den Klassenraum

1. Hoho-hahaha
(Diese Übung sollte immer wieder zwischen allen anderen als „Trennübung" durchgeführt werden, damit niemand in ein Dauerlachen hineingeraten kann.)
Wir klatschen mit gespreizten Fingern in die Hände. Die Handballen und die Finger sollten beim Klatschen aufeinander treffen. Dabei rufen wir: Hoho, hahaha, hoho, hahaha. Wir gehen, wenn möglich, durch den Raum und schauen den anderen in die Augen.

2. Begrüßungslachen
Wir gehen durch den Raum mit ausgestreckter Hand auf jemanden zu. Wir grüßen den anderen mit einem herzlichen Lachen (hoho, haha).

3. Hühner-Lachen
Wir legen die Hände an die Achseln und wackeln mit den Armen auf und ab, als würden wir mit den Flügeln schlagen. Dabei lachen wir und schauen den anderen in die Augen.

4. Löwen-Lachen
Wir halten die gespreizten Hände links und rechts neben das Gesicht, strecken die Zunge weit heraus und machen große Augen. Dabei lachen wir ganz dreckig (hahaha).

5. Nikolaus-Lachen
Wir verschränken die Arme unterhalb des Bauchnabels, strecken den Bauch heraus und machen ein Hohlkreuz. Dabei lachen wir ganz tief (hohoho).

6. Chinesisches Lachen
Wir halten die gespreizten Hände vor das Gesicht und kichern dahinter. Dabei lauern wir durch die gespreizten Finger hindurch.

7. Schimpf-Lachen
Wir drohen mit dem Zeigefinger, schauen dem Gegenüber in die Augen und lachen dabei.

8. Handy-Lachen
Wir tun so, als ob wir unser Handy ans Ohr hielten. Wir sind überrascht, dass uns jemand sprechen will, und lachen mit dem Anrufer. Dabei schauen wir den anderen in die Augen.

9. Das-Lachen-in-den-Himmel-werfen
Wir lachen und stellen uns dabei vor, dass wir einen Korb voll Lachen tragen. Wir werfen den Korb dann mit beiden Armen hoch in die Luft und fangen ihn wieder auf.

1 Didaktische Überlegungen

Lach-Yoga-Übungen für den Schulhof oder die Turnhalle

1. Rasenmäher schieben
Wir stellen ein Bein vor. Wir beugen uns nach vorn und versuchen den Rasenmäher anzuwerfen: dreimal hahaha. Wenn er läuft, nehmen wir die Hände vor den Bauch, als würden wir einen Rasenmäher schieben, und laufen laut lachend los, ohne die anderen anzustoßen.

2. Motorrad fahren
Wir halten mit den Händen den Lenker fest. Mit dem rechten Fuß treten wir das Gaspedal. Dabei lachen wir (hahaha). Beim dritten Mal springt das Motorrad an. Wir schwingen unser rechtes Bein über den Sitz und fahren lachend los, möglichst ohne andere anzustoßen.

3. Schneeball werfen
Wir stellen uns in Wurfposition, greifen in den Schnee und klopfen ihn mit den Händen zu einer handgroßen Kugel. Wir werfen den Schneeball unter lautem Lachen schwungvoll zu unserem Gegenüber.

1.15 Der Wortschatz

Die Themen des Lehrgangs – und damit der Wortschatz – stammen aus der Erfahrungswelt der Kinder. Sie richten sich nach den Bedürfnissen und den Interessen der Kinder:

▷ Once upon a time
▷ At school
▷ At home
▷ My body and my clothes
▷ Food and drinks
▷ Leisure time
▷ Throughout the year
▷ Our world
▷ Our nature

1.16 Interkulturelles Lernen

Ziel des Fremdsprachenunterrichts ist nicht nur das Vermitteln der Fremdsprache, sondern die Kinder sollen auch einen **Einblick in eine andere Lebenswirklichkeit** bekommen.
Der Unterricht geht von authentischen Situationen und Themen aus, die für die Kinder dieser Altersstufe interessant sind. Den Einblick in die englische Lebenswirklichkeit gewinnen die Schülerinnen und Schüler durch englische Kinderbücher, Comics und Videos, die Vergleiche mit der eigenen Lebenswirklichkeit ermöglichen.
Wenn möglich, sollten Begegnungen mit englischsprachigen Personen *(native speakers)* ermöglicht werden. Hieraus kann eine fruchtbare und kritische Auseinandersetzung mit der eigenen Sprache und Kultur erfolgen. Das fördert gegenseitiges Verständnis und erhöht die Toleranz gegenüber anders denkenden und anders lebenden Menschen.

1.17 Fächerübergreifendes Lernen

Für fächerübergreifendes Lernen eignen sich der Musik-, Sport-, Kunst- und Mathematikunterricht. Im Letzteren kann auf Englisch gerechnet werden, im Sportunterricht können englischsprachige Spiele eingeflochten werden, im Kunstunterricht können Sachen gebastelt und gemalt werden, die sich gut im Englischunterricht verwenden lassen, im Musikunterricht können englische Lieder eingeübt werden usw.
Englisch sollte also ein integrierter Bestandteil des schulischen Lebens und Lernens sein.

2 Hinweise zu den Unterrichtsstunden

Die Materialien zu den 40 Unterrichtsstunden des zweiten Halbjahresbandes umfassen

▷ die Stundenverläufe
▷ die Arbeitsblätter
▷ Schwarz-Weiß-Abbildungen der Overheadfolien
▷ Kopiervorlagen mit den Noten und Texten der Lieder*
▷ Kopiervorlagen mit Bild- und Wortkarten
▷ Kopiervorlagen mit Würfelspielen

Die Arbeitsblätter eignen sich je nach Lernstand zum Ausmalen, zum Lesen und zum Schreiben einzelner Wörter oder kurzer Sätze. Zum Teil enthalten sie Bastelaufgaben, zu denen Material wie Schere, Klebstoff und Karton benötigt werden (s. Materialangaben).

Es ist nicht notwendig, dass alle Arbeitsblätter im Englischunterricht bearbeitet werden.

Nicht zuletzt hängt es von der Größe und Zusammensetzung der Klasse und der Fähigkeit der Kinder ab, wie viel Stoff in einer Englischstunde geschafft wird und wie viel Zeit dann noch für das Singen, Spielen und Basteln bleibt.

Mit Hilfe von zusammengehörenden Wort- und Bildkarten kann zum Thema: *animals on the ark* ein **Memory-Spiel** hergestellt werden.
Am besten werden die Karten dazu laminiert und – mit Gummibändern versehen – in Schachteln oder Tüten aufbewahrt.

Die Spiele können zur Festigung des entsprechenden Wortschatzes oder als Beschäftigung für Kinder, die ihre Aufgabe schnell erledigt haben, eingesetzt werden.

Durch die Stunden führt eine **Handpuppe** (hier: Jimmy Jiggles). Bei der Wahl der Handpuppe gibt es keine Vorgaben, außer dass Hände und Mund beweglich sein sollten. Der Name ist beliebig. Die Puppe ist von Anfang an dabei und **spricht nur Englisch**. Damit es für die Kinder einsichtig wird, sollte die Puppe gleich zu Beginn erklären, dass sie aus England kommt und deshalb nur Englisch kann. Das wiederum motiviert die Kinder, mit ihr oder durch sie nur Englisch zu sprechen. Die Handpuppe hilft ihnen auch über die Anfangsschwierigkeiten bei neuen Wörtern hinweg, indem sie die Wörter zuerst nachspricht. Somit macht sie lange Erklärungen überflüssig.

Durch ihr Tun fordert die Puppe ohne viele Worte zum Nachahmen auf und nimmt ängstlichen Kindern die Furcht vor der fremden Sprache.

Tipps für die Einführung von Liedern/Gedichten:

▷ Lied/Gedicht zuerst auf CD vorspielen
▷ Text langsam und deutlich vorsprechen
▷ mit Mimik und Gestik unterstützen
▷ Kinder klatschen oder summen das Lied mit, bevor sie singen
▷ Kinder sprechen den Text mit
▷ Kinder singen/sprechen auf unterschiedliche Weise: langsam, schnell, laut, leise

---

Verwendete Abkürzungen:

L   - Lehrerin/Lehrer

K   - Kind/Kinder

H   - Handpuppe

OHP - Overheadprojektor

---

* Die beiden Bände für die 4. Klasse enthalten auch Lieder und Gedichte, die bereits in der 3. Klasse eingeführt wurden und auf CD 1 vorliegen.

3 Tabelle: Themenübersicht

Erfahrungsfelder	Stunden	Themen
Our nature	41. Stunde 42. Stunde 43. Stunde 48. Stunde	Animals/Noah's ark Animals/Noah's ark Animals/Noah's ark Animals in the garden
Leisure time	44. Stunde 47. Stunde 52. Stunde 68. Stunde 69. Stunde 71. Stunde 75. Stunde 78. Stunde 80. Stunde	Toys Musical instruments My bike Sightseeing in London (1)/Vehicles Sightseeing in London (2) Activities Hobbies Possession Activities/Holidays
Our world	55. Stunde 56. Stunde 65. Stunde 70. Stunde 72. Stunde 73. Stunde 76. Stunde 77. Stunde	How people live Traffic/Great Britain Anglophone countries of the world Asking for the way The weather/Europe Great Britain At the doctor's Traffic
Once upon a time	49. Stunde 50. Stunde 53. Stunde 60. Stunde 61. Stunde 66. Stunde	Book: The Very Hungry Caterpillar Book: The Very Hungry Caterpillar Fable: The Ant and the Grasshopper Fairytale: The Three Little Pigs Fairytale: The Three Little Pigs Fairytale: The Elephant and the Mouse
Throughout the year	46. Stunde 57. Stunde 64. Stunde	Activities/The time of day Flowers in spring Activities/Summer in the garden
Food and drinks	51. Stunde 62. Stunde 67. Stunde 74. Stunde	In a café In a restaurant Cooking (potato soup) Table manners
At school	45. Stunde 63. Stunde	Ordinal numbers/Months Numbers (1–1000)
At home	54. Stunde 58. Stunde 59. Stunde	The house Activities/The house Pets/Prepositions
My body and my clothes	79. Stunde	Adjectives/Comparisons/Clothes

4 Spiele

Hinweis: Die Zahlen in den Klammern geben an, in welchen Stunden die Spiele zum Einsatz kommen.

4.1 What's Missing? (44, 57, 59) – Wortschatz: **Gegenstände**
Die Kinder sitzen im Stuhlkreis. In der Mitte liegen z. B. mehrere Spielsachen.
Ein Kind wird vor die Tür geschickt. Bevor es wieder hereingerufen wird, entfernen die anderen ein Spielzeug.
Das Kind muss erraten, welches fehlt: *What's missing?*
Danach ist ein anderes Kind an der Reihe.

4.2 What's the Time, Mr Wolf? (46) – Wortschatz: **Uhrzeiten**
(Auf dem Schulhof oder in der Turnhalle)
Auf der einen Seite des Spielfeldes steht „Mr Wolf", auf der anderen Seite die „Häschen" *(rabbits)*. Sie wollen über das freie Feld zum Bach (evtl. mit blauer Kreide aufmalen).
Die „Häschen" rufen: *What's the time, Mr Wolf?*
„Mr Wolf": *It's (two) o'clock.*
Daraufhin machen die „Häschen" (zwei) Schritte, dann fragen sie wieder nach der Uhrzeit.
Irgendwann ruft der „Wolf": *It's time to eat!*, und rennt los, um ein „Häschen" zu fangen.
Das gefangene „Häschen" ist im nächsten Spiel „Mr Wolf".

4.3 Chain Game/I Pack My Rucksack (52, 64, 78) – Wortschatz: **Gegenstände/Verben**
Die Kinder sitzen im Stuhlkreis.
L beginnt, z. B.: *On my bike there is a saddle.* Der linke Nachbar fährt fort: *On my bike there is a saddle and a speedometer.*
Im Uhrzeigersinn wiederholen die Kinder die bisher genannten Teile in der richtigen Reihenfolge und fügen jedes Mal ein weiteres hinzu.
Das Spiel ist zu Ende, wenn ein Spieler die Reihenfolge durcheinander bringt oder nicht weiter weiß.

4.4 Tip-Top (55) – Wortschatz: **Behausungen/Gegenstände**
Die Kinder sitzen im Stuhlkreis und jedes bekommt z. B. eine Behausung (Bildkarten) zugeteilt. Ein Kind steht in der Mitte. Es wendet sich einem Mitschüler im Kreis zu und ruft: ***Tip*** bzw. ***Top***.
Bei ***Tip*** muss das angesprochene Kind die Behausung des linken Nachbarn nennen, bei ***Top*** die Behausung des rechten Nachbarn.
Ist die Antwort richtig, bleibt das Kind in der Mitte stehen. Wenn die Antwort falsch ist, geht das linke bzw. rechte Kind in den Kreis.
Bei ***Tip-Top*** wechseln alle Kinder die Plätze.

4.5 What's My Number? (63) – Wortschatz: **Zahlen**
Ein Kind kommt an die Tafel und schreibt für die anderen unsichtbar eine Zahl auf.
Die anderen Kinder versuchen die Zahl so schnell wie möglich herauszufinden.
Das Kind vorn gibt jeweils Hinweise: *It's hot/cold.*
Wenn die richtige Zahl genannt wird, klappt das Kind die Tafel auf und zeigt seine Zahl.
Das Kind, das die Zahl erraten hat, geht als Nächstes an die Tafel.

4.6 Change Places! (65, 68) – Wortschatz: **Nationalitäten/Berufe**
Die Kinder sitzen im Stuhlkreis. Jedes bekommt eine Wortkarte und prägt sich z. B. „seine" Nationalität ein.
Nun ruft der Spielleiter: *(Americans) and (Indians) change places!* (Achtung: Bei *British* und *Irish* auf den Artikel achten: *the British, the Irish!*)
Daraufhin wechseln die Kinder mit den entsprechenden Karten ihre Plätze.
Wenn der Spielleiter ruft: *All nationalities change places!*, springen alle Kinder auf und suchen sich einen neuen Platz.

4 Spiele

Noch reizvoller wird das Spiel, wenn ein Stuhl weniger als Kinder vorhanden ist. Dann bleibt immer ein Spieler übrig. Er gibt den Befehl zum nächsten Wechsel.

4.7 Four/Two Corners Game (66, 68) – Wortschatz: **Tiere/Verkehrsmittel**
(Auf dem Schulhof oder in der Turnhalle)
Die Ecken des Spielfeldes werden z. B. mit *harbour, station, garage* und *airport* beschriftet/beschildert.
Jedes Kind bekommt ein Verkehrsmittel (Wortkarte) zugeteilt.
Der Spielleiter ruft z. B.: *All cars go into the garage!*, und die Autos flitzen schnell in die Garagenecke.
Die „Fahrzeuge" können wieder aus ihren Ecken herauskommen, sodass das Spiel beliebig lange gespielt werden kann.
Das Spiel kann auch als Wettspiel gespielt werden. Dann scheiden jeweils die Kinder aus, die als Letzte in ihrer Ecke angekommen oder in die falsche Ecke gelaufen sind.

41 42 43 Our nature

Thema: **Animals/Noah's ark**

Material: Handpuppe, OHP, Folie 1, Folie von Materialblatt 1: Picture cards, Folienschreiber, CD-Player mit CD 2, Picture cards: animals (s. Material 1), Word cards: animals (s. Material 2), evtl. Picture cards: farm animals (aus Englisch, 3. Klasse, Bd. 2, S. 136), Materialblätter 3 und 4: Spiel, Bingotafeln (s. Englisch – 3. Klasse, Bd. 2, S. 81), Arbeitsblatt 1, Arbeitsblatt 2, Arbeitsblatt 3, evtl. Liederblatt, Stifte, Schere, Klebstoff, Wörterliste, Würfel und Spielfiguren, evtl. Bilderbuch „Brown Bear, Brown Bear, What Do You See?"

> **Wörter/Sätze**
>
> *penguin, tortoise, parrot, zebra, dolphin, wolf, kookaburra, boat, to float, to trumpet, to howl, to hiss, to growl, to roar,* to sing, to laugh, rainbow, bear, kangaroo, crocodile, snake, lion, tiger, giraffe, monkey, camel, hippo, bird, elephant, animals ..., colours ..., adjectives ...

Ablauf

Lied: One Little Elephant (CD 1)

L: *Good morning, boys and girls!**
K: *Good morning, Mr/Mrs ...*
L: *What day is today?; What month is today?; What is the weather like today?*
K antworten.

⇨ L zeigt die **Folie von Materialblatt 1** und wiederholt zunächst die bekannten Tiere (evtl. mit Hilfe von H).

L führt ein neues Lied ein: 25. Kookaburra (s. Tipps, S. 11).
L zeigt auf der Folie den Kookaburra: *Kookaburras are birds. They live in Australia. They don't sing, they laugh!*
K machen das Lachen des Vogels nach.

> **Kookaburra**
>
> australischer Riesen-Eisvogel,
>
> deutscher Name: Lachender Hans

⇨ L führt die neuen Tiere ein: *parrot, tortoise, kookaburra, wolf, dolphin, penguin, zebra.*

⇨ K stellen sich gegenseitig Fragen zu den Tieren, z. B.: *(Susan), do you like tigers? – (Susan): Yes, I do./No, I don't. (Peter), do you like zebras?* usw.

Spiel: Animal Quiz
L beschreibt jeweils ein Tier, z. B.: *It has got black and white stripes (zebra)./It can become very old and it is very slow (tortoise)./It is a long slim animal without legs (snake)./It likes swimming and diving, and it lives in the Antarctic (penguin)./It is grey and has got a trunk as a nose (elephant)./It has got a very long neck and its colours are yellow and brown (giraffe)./It lives in a river and it has got a lot of very sharp teeth (crocodile).*
K versuchen, das Tier zu erraten. Das Kind, das die Lösung weiß, beschreibt das nächste Tier. Dabei kann H helfen.

Spiel mit Bildkarten
Maximal 19 Kinder erhalten die Bildkarten. Sie gehen durch den Klassenraum und jedes versucht die Bewegungen und die Stimme seines Tieres nachzuahmen. Die Kinder ohne Karten fragen die Karten-Kinder: *Are you a (tiger)?* K antworten: *Yes, I am./No, I'm not.*
Wenn das Tier erraten wurde, bekommt der Fragende die Bildkarte.

---

* Englisches Begrüßen und Verabschieden ist Teil jeder Unterrichtsstunde. Aus Platzgründen wurde es in den folgenden Stundenverläufen weggelassen.

41 42 43 Our nature

Gruppenarbeit (4–5 K)
Ein Kind denkt sich ein Tier aus. Die anderen versuchen das Tier zu erraten.

Spiel: At the Circus
Ein Kind ist der „Zirkusdirektor". Die anderen denken sich Tiere aus und bewegen sich entsprechend durch die „Manege". Der „Zirkusdirektor" fragt einige Kinder: *What are you?*
K antworten entsprechend.

Spiel: At the Zoo
Ein Kind ist der „Zoodirektor". Die anderen denken sich Tiere aus und bewegen sich entsprechend durch den „Zoo". Der „Zoodirektor" kommt und streichelt die „Tiere" nacheinander. Dabei begrüßt er sie: *Good morning, my dear (elephant).*
Hat er das „Tier" richtig angesprochen, erstarrt es in seiner Bewegung. Wenn er sich geirrt hat, sagt es: *No, I'm not (an elephant), I'm (a tiger)!*, und geht weiter.
Nach ca. fünf Begrüßungen wird der „Zoodirektor" ausgewechselt.

Arbeitsblatt 1 (L: *Let's read. Fill in the right words.*)
L und K lesen gemeinsam. K tragen die Wörter in das Kreuzworträtsel ein.

Lied: Five Brown Teddies (CD 1)

Spiel: Yes, They Can Fly (Alle Vögel fliegen hoch)
Der Spielleiter klopft mit den Zeigefingern auf den Tisch und ruft: *Yes, they can fly, they can fly. (Penguins), fly!* Beim Nennen des Tieres reißt er die Arme hoch. Die Spieler machen es genauso wie der Spielleiter, aber sie müssen aufpassen: Wird ein Tier genannt, das nicht fliegen kann, müssen sie ihre Arme unten lassen. Wer sie trotzdem hebt, scheidet aus.

Spiel: Yes or no?
An die linke Tafel schreibt L *yes*, an die rechte *no*.
Der Spielleiter stellt Behauptungen auf, z. B.: *Ducks have got four legs./Cows give us milk./Crocodiles can swim./Lions have got two legs./Parrots can fly./Crocodiles are pink./Giraffes have got short necks./Monkeys lay eggs./Tigers are dangerous./Birds cannot fly./Elephants are brown.*
Stimmt die Behauptung, laufen alle Kinder zur Yes-Tafel, stimmt sie nicht, laufen sie zur No-Tafel.

⇨ L stellt pantomimisch verschiedene Tiere (Elefant, Wolf, Schlange, Vogel, Bär, Löwe, Kookaburra) dar: *Look at me, I am (an elephant). Please, let me hear what sounds (elephants) make!*
K trompeten wie ein Elefant/heulen wie ein Wolf/zischen wie eine Schlange/singen wie ein Vogel/brummen wie ein Bär/brüllen wie ein Löwe/lachen wie ein Kookaburra.
L benennt jeweils die Tierlaute: *Elephants trumpet./Wolves howl./Snakes hiss./Birds sing./Bears growl./Lions roar./Kookaburras laugh.*
K sprechen jeweils nach.

L zeigt die **Folie von Materialblatt 1** und schreibt die Tiere und ihre Laute unter die entsprechenden Abbildungen, z. B.: *Wolves howl.*
L und K lesen gemeinsam.

L fragt H: *Do lions roar?* – H: *Yes, they do.*
L: *Do lions hiss?* – H: *No, they don't.*
H fragt K: *Do birds howl?*
K, das die Frage beantwortet, stellt den anderen anschließend eine ähnliche Frage usw.

L stellt Fragen nach den Tieren, z. B.: *Which animals howl?*
K antworten entsprechend.

41 42 43 Our nature

Arbeitsblatt 2 (L: *What sounds do the animals make?*)
K schreiben die Tiere und ihre Laute auf.

⇨ L schreibt die (fehlenden) Tiere zu den Abbildungen auf die **Folie von Materialblatt 1**.
L und K lesen gemeinsam.

L zeigt **Folie 1** und erzählt zu den Bildern die **Geschichte: Noah's Ark**.
L erklärt einige Wörter: *God, wife, world, earth, mountain, wicked, to save* (möglichst einsprachig, mit entsprechender Mimik und Gestik).

Bild 1: *A long time ago there was a very good man. His name was Noah. He always tried to do what was right.*
One day God spoke to Noah: "I am going to wash away this world, because the men and the women are so wicked. But I will save you and your family. Build a big boat, an ark, and put on it your family and two of every kind of animal on earth."
Noah did as God had said to him. But all the other people laughed at Noah.

Bild 2: *When the ark was finished, he brought his family to the boat. And they all together led the animals into the ark, two of each kind: small animals, big animals, even dangerous animals: two lions, two wolves, two bears, two elephants, two tigers, two snakes, and so on. Then the great door was shut.*

Bild 3: *Almost at once dark clouds rolled across the sky and rain began to fall. Day after day there was rain, and rain, and rain: forty days and nights long. The ark was floating on the water.*
At last the rain stopped. Noah said: "The rain has stopped. We must find dry land."

Bild 4: *He sent out birds to see if they could find land.*
At the third time the bird didn't return. So Noah was sure, that it had found dry land.
Then the ark settled on the top of a mountain.

Bild 5: *When the earth was dry, God spoke to Noah: "Go out of the ark, you, your wife, your sons, the wives of your sons, and all the animals!*
And I give you a promise: I will never do this again. I will never destroy this world."
To show his promise to everybody God made a huge rainbow, arching from the earth to the heavens.

⇨ K sprechen über die Geschichte und stellen evtl. Fragen dazu.

Arbeitsblatt 3 (L: *Let's read. Fill in the matching parts of the sentences and colour the rainbow.*)
L und K lesen gemeinsam. K füllen den Lückentext aus. Sie malen den Regenbogen in den vorgegebenen Farben an.

⇨ K üben ein **Theaterstück: Noah and His Ark** ein.

Vorschlag für die Sprechtexte:

Storyteller: *This is Noah. He is a very good man. God told him to build an ark.*
Noah: *I am Noah. I am building a big boat.*
Storyteller: *The people laughed at Noah. They didn't understand him.*
People: (lachen) *Noah is mad! He is building a big boat.*
Storyteller: *When the ark was finished, Noah called his family.*
Noah's wife: *I am Noah's wife. I am going into the boat.*
3 sons: *We are Noah's sons. We are going into the boat.*
3 wives: *We are the wives of Noah's sons. We are going into the boat.*
Storyteller: *Then the animals were led into the boat.*
Animals: *We are two lions/tigers/elephants/dogs … We are going into the boat.*
Storyteller: *Forty days long there was rain, rain, rain. But finally it stopped.*
Noah: (hält eine Hand über die Augen und schaut prüfend in die Runde. Er hat einen Vogel in der Hand.) *The rain has stopped. I will send out a bird to look for dry land.*
Bird: *I am a bird. I am looking for dry land to build a nest.*
Noah: *Oh, the bird has found dry land. Let's settle on the top of this mountain!*

41 42 43 Our nature

Storyteller:	*God spoke to Noah.*
God:	*Now you can go out of the ark. Oh, Noah, I will never destroy this world. I promise. Look, this is the sign: a rainbow.*
	(Zwei Kinder halten einen großen Regenbogen.)
Storyteller:	*All thank God.* (Alle knien nieder und falten die Hände.) *Amen.*

L führt ein neues Lied ein: 26. He's Got the Whole World (s. Tipps, S. 11).

Weitere Aktivitäten:

Spiel: Memory
K spielen in Gruppen mit den Bild- und Wortkarten: animals.

Materialblätter 3 und 4: Spiel – A Day in the Zoo
(L: *Colour the game and stick the pieces together.*)
K malen das Spielfeld an und kleben beide Teile zusammen.

Spiel: A Day in the Zoo
K spielen in Gruppen das Würfelspiel.

Spiel: Bingo
Jedes Kind erhält eine Bigotafel, in die es jeweils neun verschiedene Tiere einträgt. Der Spielleiter nennt Tiere. Die Kinder, die diese Tiere auf ihrer Bingotafel haben, streichen sie durch. Das Kind, das zuerst drei Tiere in einer Reihe (waagerecht, senkrecht oder diagonal) durchgestrichen hat, ruft: *Bingo!*

Evtl. liest L das **Bilderbuch** vor: **Brown Bear, Brown Bear, What Do You See?**

41–43 Arbeitsblatt 1 Name:

Fill in the right words.

bear – crocodile – dolphin – elephant – giraffe – hippo – kangaroo – lion – monkey – parrot – penguin – snake – tiger – tortoise – zebra

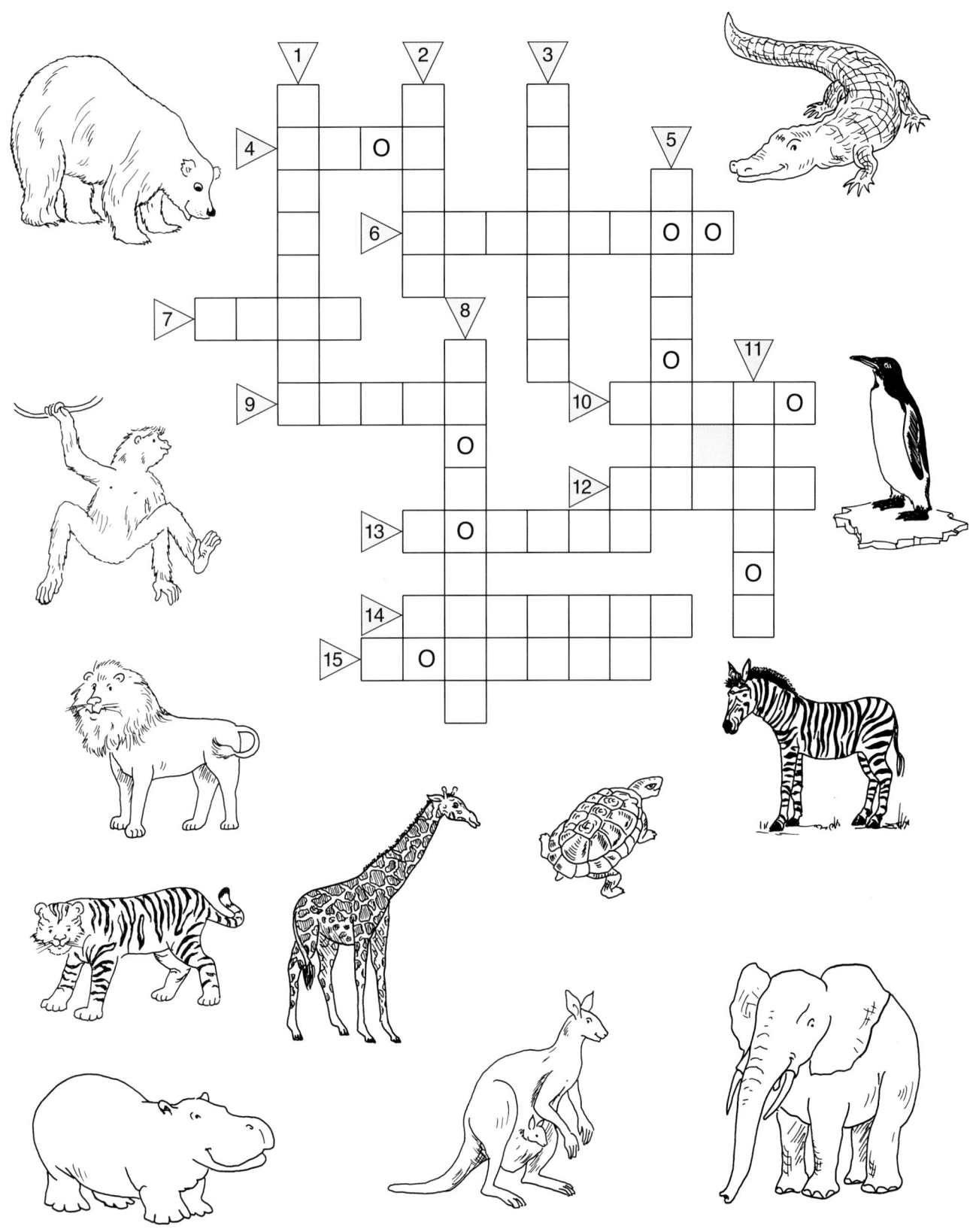

41–43	Arbeitsblatt 2	Name: ______________

What sounds do they make?

bears – birds – elephants – kookaburras – lions – snakes – wolves

w ______________ h ______________

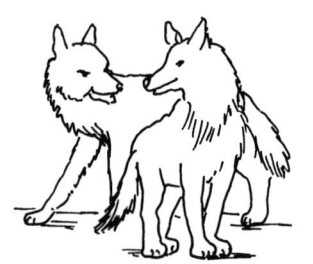

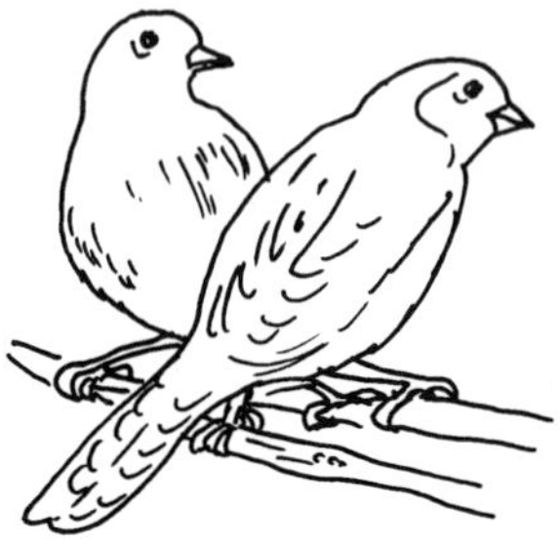

______________ ______________

roar

howl

sing

laugh

hiss

growl

trumpet

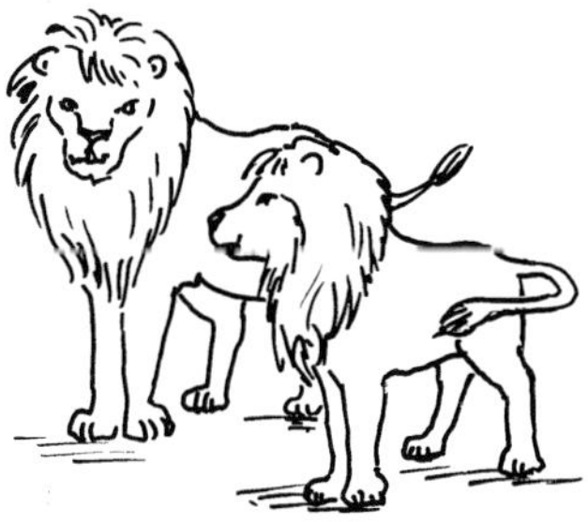

______________ ______________

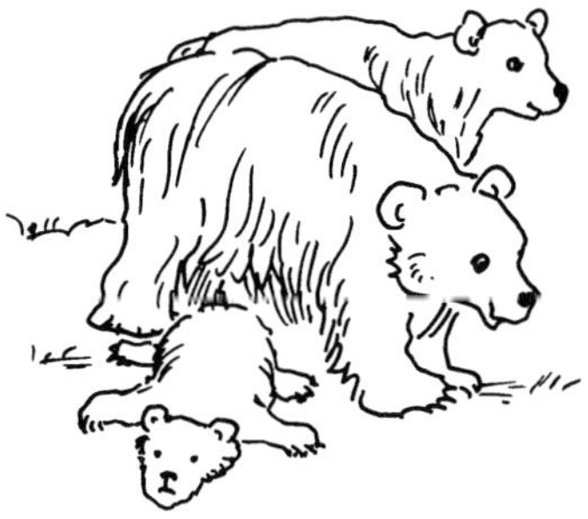

______________ ______________

______________ ______________

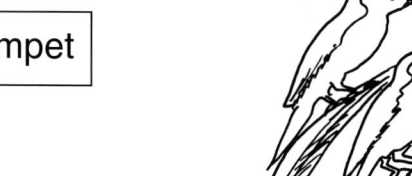

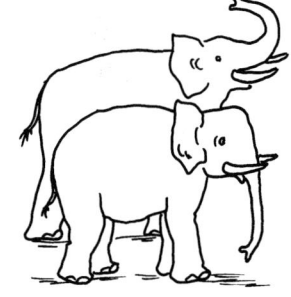

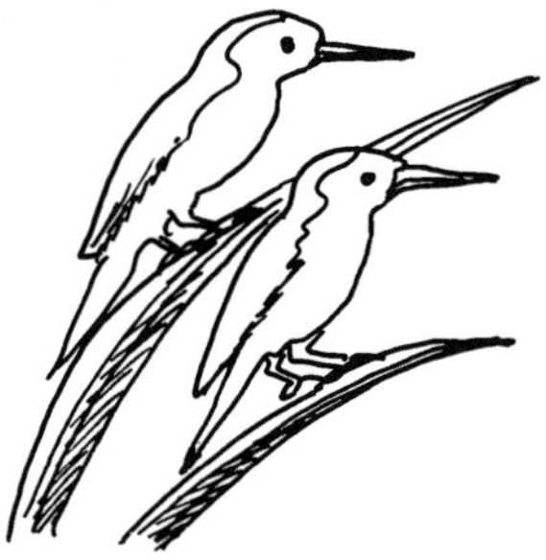

______________ ______________

______________ ______________

Animals

KOPIERVORLAGE

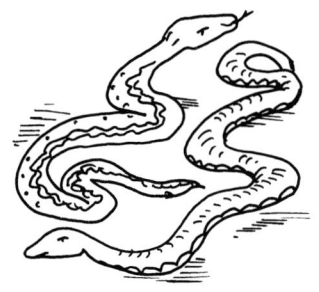

41–43 Arbeitsblatt 3 Name: _____

Fill in the matching parts of the sentences. Colour the rainbow.

| a bird | the rainbow | into the boat | is floating | a big boat |

Noah is building _____.

The animals are going _____.

The boat _____ on the water.

Noah is sending _____
to look for dry land.

1 red
2 orange
3 yellow
4 green
5 blue
6 purple

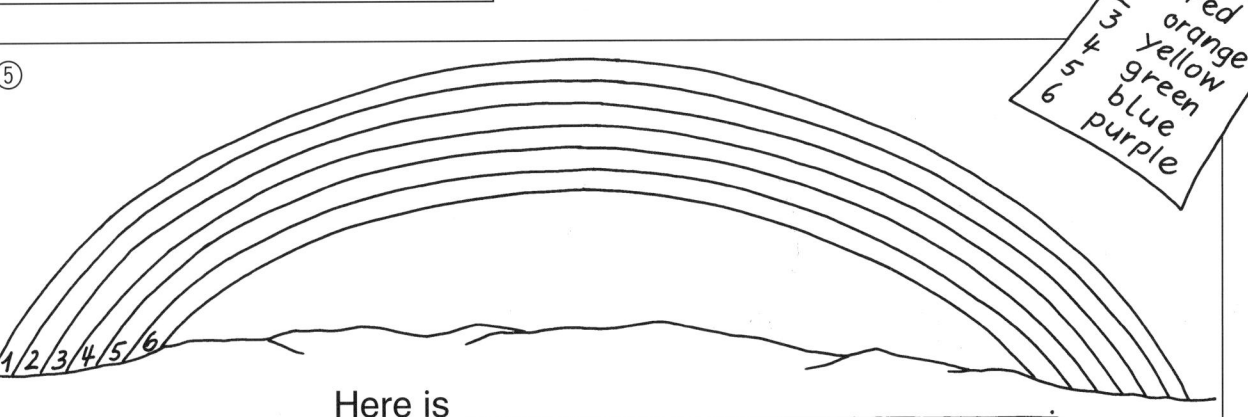

Here is _____.

41–43 Material 1: Picture cards – animals (Folie)

41–43 Material 2: Word cards – animals

camel	monkey	tiger	crocodile
kangaroo	hippo	giraffe	elephant
bear	lion	snake	bird
parrot	tortoise	kookaburra	wolf
dolphin	penguin	zebra	

… 41–43

Material 3: Spiel – A Day in the Zoo

41–43 Material 4: Spiel – A Day in the Zoo

41–43 Lieder: Kookaburra, He's Got the Whole World

Kookaburra
Round trad.

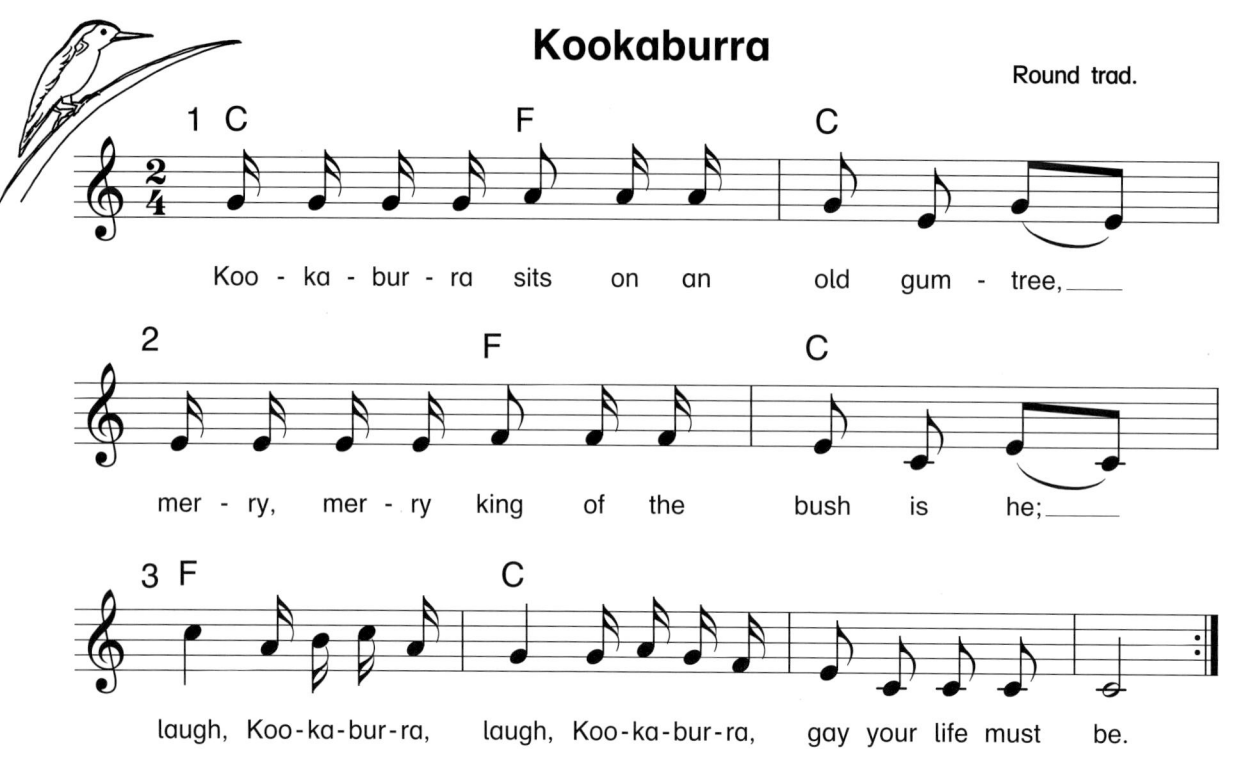

Koo-ka-bur-ra sits on an old gum-tree,
mer-ry, mer-ry king of the bush is he;
laugh, Koo-ka-bur-ra, laugh, Koo-ka-bur-ra, gay your life must be.

He's Got the Whole World
trad.

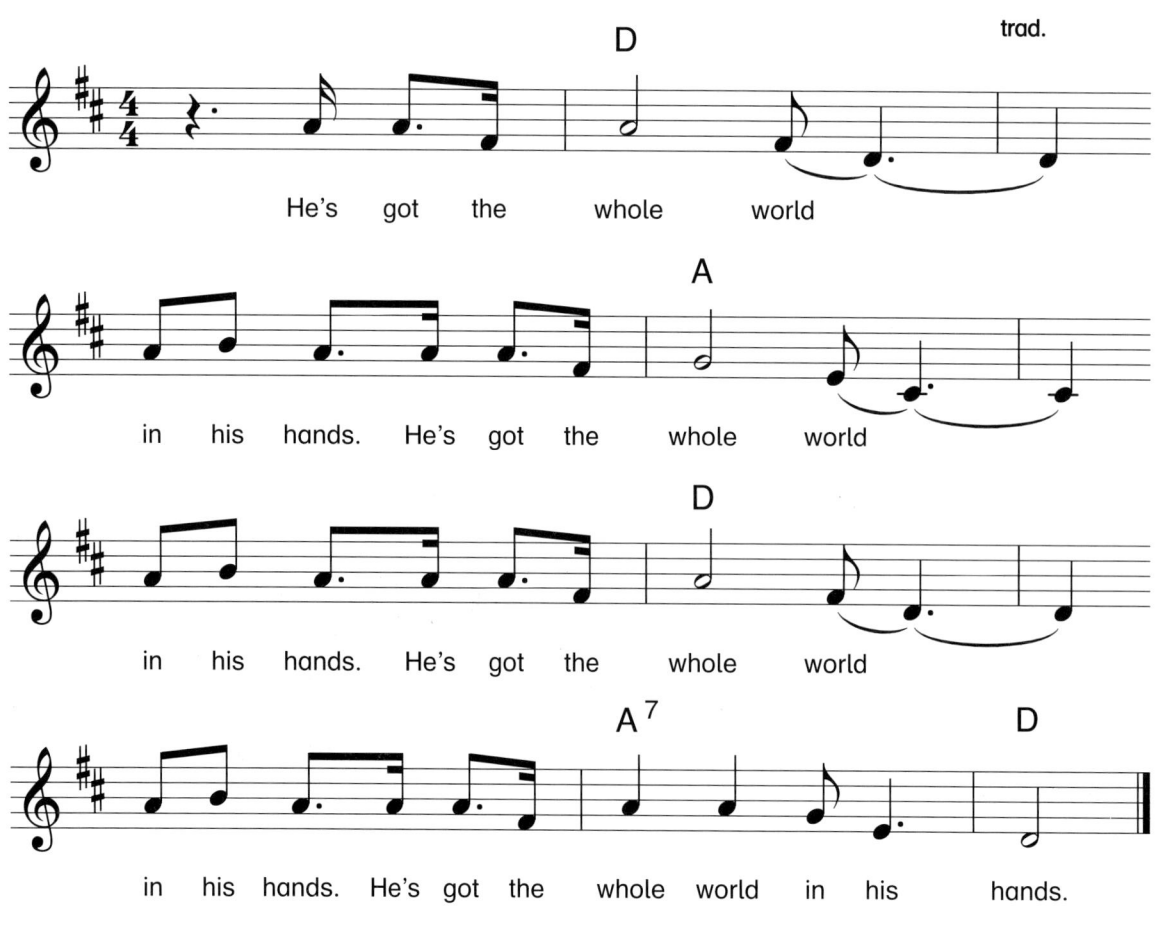

He's got the whole world in his hands. He's got the whole world in his hands. He's got the whole world in his hands. He's got the whole world in his hands.

44 Leisure time

Thema	**Toys**
Material	Handpuppe, verschiedene Spielzeuge (von K mitgebracht), 2 Tücher, CD-Player mit CD 2, Arbeitsblatt, evtl. Liederblatt, Stifte, Wörterliste
Ablauf	

Wörter/Sätze

whose, mine, vehicle, material (wood, plastic, leather, cardboard, metal, cloth), animal, big, small; My ... is missing; Please, give me ...; Here you are; toys ..., colours ...

Lied: Kookaburra (CD 2)

L: *What day is today?; What month is today?; What is the weather like today?* – K antworten.*

⇨ Ein Tuch liegt auf dem Boden. K verteilen das Spielzeug darauf. Sie stellen sich gegenseitig Fragen nach den Bezeichnungen der Spielsachen und benennen sie: *What is it? – This is a .../ Is it a ...? – Yes, it is./No, it isn't.* (Evtl. mit Hilfe von H.)

Spiel: What's Missing? (s. Spiele 4.1)
Mit Spielsachen.

⇨ L nimmt verschiedene Spielzeuge und fragt: *Whose (boat) is it?* Der jeweilige Eigentümer antwortet mit Hilfe von H: *It is mine.*

Spiel: Feel the Toys!
Die Spielsachen werden mit einem Tuch zugedeckt. Der Reihe nach nimmt jedes Kind einen Gegenstand unter dem Tuch in die Hände und errät ihn durch Tasten. *This is a (plane).* Dann zeigt es den Gegenstand und fragt: *Whose (plane) is it?* Der jeweilige Eigentümer: *It is mine.*

Spiel: What Do They Have in Common?
Dazu führt L den Begriff *vehicle* und die Materialien: *wood, plastic, leather, metal, cardboard, cloth* ein (anhand der mitgebrachten Spielsachen).
Drei oder vier Kinder verlassen den Klassenraum. Die anderen lassen nur Spielsachen liegen, die entweder zu einem bestimmten **Oberbegriff** passen, z. B. *vehicles (animals, dolls)*, die eine bestimmte **Größe** oder **Farbe** haben oder die aus einem bestimmten **Material** bestehen.
Die Kinder werden wieder hereingerufen und sollen nun dieses gemeinsame Merkmal finden.

Gruppenarbeit (3–4 K)
Verschiedene Spielsachen liegen auf einem Gruppentisch.
K 1 sagt zu K 2 z. B.: *Please, give me the red car.*
K 2 reicht K 1 den gewünschten Gegenstand: *Here you are.*
K 1: *Fine, thank you.*

Arbeitsblatt (L: *Look for the hidden words and circle them. Write the matching words to the pictures.*) K kreisen die Wörter im Raster ein. Sie schreiben die Wörter zu den entsprechenden Abbildungen.

L führt ein neues Lied ein: 27. The Wheels on the Bus (s. Tipps, S. 11).

---

* Diese Fragen werden am Beginn jeder Unterrichtsstunde beantwortet.
Aus Platzgründen wurden sie in den folgenden Stundenverläufen weggelassen.

44 Arbeitsblatt Name: _____

1. Circle the words.

B	O	A	T	W	W	B	S	G	X	P	U	Z	Z	L	E	O
A	B	F	E	I	X	A	F	W	V	L	R	T	W	X	P	X
C	V	N	D	O	L	L	P	E	Z	A	B	V	K	I	T	E
C	Z	I	D	R	P	L	A	O	T	N	X	I	O	T	N	M
N	I	Z	Y	R	T	Y	G	A	M	E	B	O	Y	V	L	M
O	A	K	M	X	T	X	I	C	L	L	M	W	P	C	A	R
S	K	I	P	P	I	N	G		R	O	P	E	X	V	L	P
X	D	M	O	Z	G	O	A	D	W	L	V	M	T	T	O	W
Z	D	U	W	I	G	R	A	N	X	Y	W	T	R	A	I	N

2. Write the matching words to the pictures.

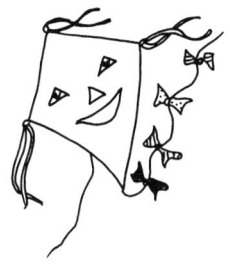

_____

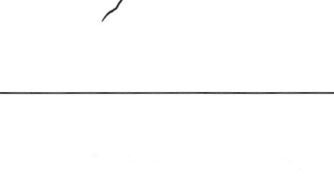

_____

_____

_____

_____

44 — Lied: The Wheels on the Bus

1. The wheels on the bus go round and round, round and round, round and round. The wheels on the bus go round and round, all through the town.

2. The horn on the bus goes honk, honk, honk …
3. The wipers on the bus go swish, swish, swish …
4. The lights on the bus go blink, blink, blink …
5. The driver on the bus says: "Move on back …"

45 At school

Thema **Ordinal numbers/Months**

Material Handpuppe, 10 Spielzeugautos (in verschiedenen Farben), Arbeitsblatt, Stifte, Wörterliste

Ablauf

> **Wörter/Sätze**
>
> **fourth, fifth ...
> thirty-fourth,** first, second, third,
> toy car, months ...,
> weekdays ...,
> colours ...

 **Lied: He's Got the Whole World** (CD 2)

⇨ L stellt die Spielzeugautos hintereinander auf.
Look, there are ten toy cars on the table.
H: *Oh, fine, the first one is my favourite. It is red.*
L: *Fine, can you tell me which car is the second one, (Jimmy)?*
H: *Yes, I can. This is the second car.* (Dabei zeigt er auf den zweiten Wagen.)
L: *Right, this is the second car. Let us all say: This is the first car and this is the second car.*
(L zeigt jeweils darauf.) – K sprechen nach.
L: *And this is the third/fourth/fifth/sixth/seventh/eighth/nineth/tenth car.*
K sprechen jeweils nach.

⇨ L: *Listen carefully, what do you hear at the end of all numbers?*
L spricht die Ordnungszahlen von 4. bis 10. noch einmal langsam und deutlich vor.
H und K sprechen die Zahlen zusammen nach, dabei zeigt L auf die einzelnen Autos.
L: *What colour is the eighth car?* – K: *The eighth car is ...*
L: *Is the fourth car red?* – K: *Yes, it is./No, it isn't.*

⇨ Zehn Kinder stellen sich hintereinander auf. Jedes nennt seinen Platz: *I am the ... child.*
L fragt die anderen: *Who is the (third) child?* usw. – K: *(Susan) is the (third) child.*

Es kommen noch fünf weitere Kinder nach vorn, sodass es jetzt 15 sind.
K üben im Frage-Antwort-Spiel die entsprechenden Ordnungszahlen (evtl. mit Hilfe von H).

⇨ L: *Monday is the first day of the week. What about Tuesday/Wednesday ...?*
K: *Tuesday is the second day of the week.* usw.
L: *January is the first month of the year. What about February/March ...?*
K: *February is the second month of the year.* usw.

⇨ L zählt und schreibt dabei folgende Ordnungszahlen an die Tafel: *1st, 2nd, 3rd, 4th, 21st, 22nd, 23rd, 24th, 31st, 32nd, 33rd, 34th.*

L: *Today is (Wednesday, the 3rd of March). What day is tomorrow?*
K antworten entsprechend (evtl mit Hilfe von H).

Arbeitsblatt (L: *Fill in the matching months.*)
K tragen die entsprechenden Monate und das aktuelle Datum ein.

 **Lied: Here We Go Round the Mulberry Bush** (CD 2)

Fill in the matching months.

March – January – December – July – November – October
April – June – September – August – May – February

The 1st month is _____.

The 2nd month is _____.

The 3rd month is _____.

The 4th month is _____.

The 5th month is _____.

The 6th month is _____.

The 7th month is _____.

The 8th month is _____.

The 9th month is _____.

The 10th month is _____.

The 11th month is _____.

The 12th month is _____.

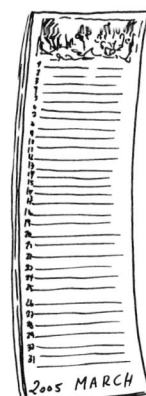

What day is today?

Today is _____ the _____ of _____.

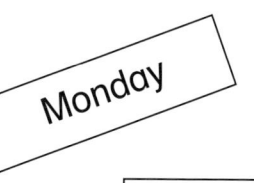

Monday   Wednesday   Friday   Sunday

Tuesday   Thursday   Saturday

46 Throughout the year

Thema **Activities/The time of day**

Material Handpuppe, OHP, Folie von Arbeitsblatt 1, Arbeitsblatt 1, Arbeitsblatt 2, Stifte, Wörterliste

> **Wörter/Sätze**
>
> when, from ... to ..., to have breakfast/lunch, to do one's homework, every (Monday), to play football, to watch TV, to go to school, to have dinner, to go to bed, times ...

Ablauf

Lied: Are You Sleeping, Lilly Long? (CD 1)

⇨ L zeigt die **Folie von Arbeitsblatt 1** (zunächst sind die Sätze abgedeckt): *Let us have a look at these pictures. They show us what Jim does do every Monday. Every Monday Jim has breakfast at a quarter to eight. He goes to school at a quarter past eight. At half past twelve he has lunch. He does his homework from two to three. At half past three he plays football. At ten past five he watches TV. At seven o'clock he has dinner. At a quarter to nine he goes to bed.*
H und K sprechen jeweils nach.

⇨ L: *When does Jim have breakfast/go to school ...?*
K antworten entsprechend.

Anschließend deckt L die Sätze auf. K lesen sie zunächst im Chor, dann einzeln.

Gruppenarbeit (3–4 K) (mit Arbeitsblatt 1)
(L: *Fill in the missing parts of the sentences.*)
K füllen den Lückentext aus.

⇨ Ein Kind kommt nach vorn und übernimmt die Rolle von Jim.
Zuerst stellt L ihm eine Frage, dann die anderen Kinder, z. B.: *Jim, when do you have breakfast every Monday?; When do you go to school every Monday?*
„Jim": *Every Monday I have breakfast at a quarter to eight.* usw.

⇨ K stellen sich gegenseitig Fragen nach ihrem eigenen Tagesablauf.

Arbeitsblatt 2 (L: *Go around and interview your class-mates.*)
K fragen sich gegenseitig, wann sie selbst diese Tätigkeiten ausführen, und notieren die entsprechenden Uhrzeiten.

Spiel: What's the Time, Mr Wolf? (auf dem Schulhof oder in der Turnhalle)
Auf der einen Seite des Spielfeldes steht „Mr Wolf", auf der anderen Seite die „Häschen" *(rabbits)*.
Sie wollen über das freie Feld zum Bach (evtl. mit blauer Kreide aufmalen).
Die „Häschen" rufen: *What's the time, Mr Wolf?*
„Mr Wolf": *It's (two) o'clock.*
Daraufhin machen die „Häschen" (zwei) Schritte, dann fragen sie wieder nach der Uhrzeit.
Irgendwann ruft der „Wolf": *It's time to eat!*, und rennt los, um ein „Häschen" zu fangen.
Das gefangene „Häschen" ist im nächsten Spiel „Mr Wolf".

Gedicht: Clocks and Watches (CD 2)

46 Arbeitsblatt 1 (Folie) Name: _____

Fill in the missing parts of the sentences.

Every Monday Jim _____ at a quarter to eight.

He _____ at a quarter past eight.

At half past twelve he _____.

He _____ from two to three.

At half past three _____.

At ten past five _____.

At _____ he has dinner.

At a quarter _____ he goes to bed.

| seven o'clock | has breakfast | he watches TV | has lunch |

| he plays football | does his homework | goes to school | to nine |

46 — Arbeitsblatt 2 — Name: _____

 When do you …?

 I … at … o'clock.

names →					
… get up?					
… have breakfast?					
… go to school?					
… have lunch?					
… do your homework?					
… play with friends?					
… watch TV?					
… have dinner?					
… go to bed?					

47 Leisure time

Thema: **Musical instruments**

Material: Handpuppe, OHP, Folie vom Materialblatt, Folienschreiber, CD-Player mit CD 2 und neutraler Musik-CD, Picture cards: musical instruments (s. Material), Arbeitsblatt, Stifte, Wörterliste

Wörter/Sätze

drums, trumpet, clarinet, violin, flute, piano;
Do you play the ...?

Ablauf

Lied: If You're Happy (CD 1)

⇨ L zeigt die **Folie vom Materialblatt** und führt die neuen Vokabeln ein: *Look, Diana is playing the piano./Pit is playing the violin./Sarah is playing the trumpet./Lucy is playing the clarinet./Tommy is playing the drums./John is playing the flute.*
K sprechen jeweils nach.

⇨ L: *(Jimmy), what is (Diana) playing?*
H: *(Diana) is playing the piano.*
L fragt einzelne Kinder: *What instrument is (Diana) playing?*
K antworten entsprechend.

⇨ L *Can you play the trumpet, (Susan)?* usw. – (Susan): *Yes, I can./No, I can't.*
L: *Who of you can play the piano?* usw. – K antworten entsprechend.
L: *Do you play an instrument, (Peter)?* – (Peter): *Yes, I do. I play the .../No, I don't.*

Spiel mit Bildkarten 1
Jedes Kind bekommt eine Bildkarte. K gehen zur Musik durch den Klassenraum. Wenn die Musik stoppt, fragen K sich gegenseitig: *Do you play the piano/trumpet ...?* Sie antworten entsprechend ihren Bildkarten: *Yes, I do./No, I don't, but I play the ...*

Spiel mit Bildkarten 2
Der Spielleiter gibt Anweisungen, z. B.: *All the children who play the piano go to the door. All the children who play the clarinet or the trumpet go to the window. All the children who play the drums stand up. All the children who play the violin meet the children who play the piano. All the children who play the flute go to the blackboard.* usw. – K handeln entsprechend ihren Bildkarten.

⇨ L schreibt die Namen der Instrumente zu den jeweiligen Abbildungen auf die **Folie**.
K lesen die Wörter im Chor.

L führt ein neues Gedicht ein: **12. A Musical Family** (s. Tipps, S. 11).

I can play the piano.
I am nearly three.
I can play the long white note
That Mum calls Middle C.

Dad can play the clarinet.
My sister plays the fiddle,
But I'm the one who hits the piano
Slap bang in the middle.
(John Mole)

Arbeitsblatt (L: *What instruments do they play?*)
K finden heraus, wer welches Instrument spielt, und setzen im Lückentext die richtigen Wörter ein.

Lied: Hokey Cokey (CD 1)

47 Arbeitsblatt — Name: _____

What instruments do they play?

Robert   Sandy   Tom   Larry   Mary   Tina

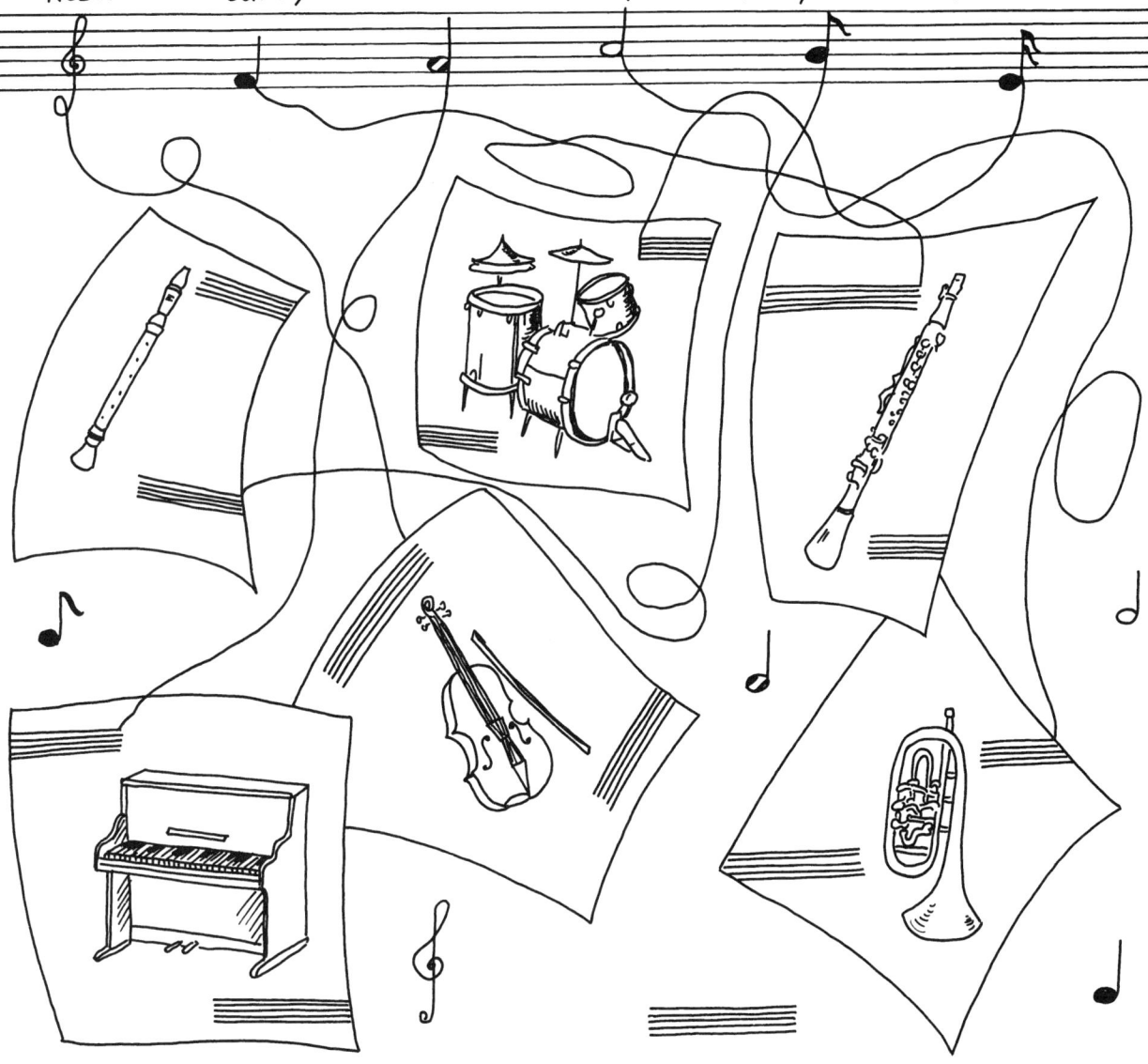

drums – violin – piano – clarinet – trumpet – flute

Robert plays the _____.

Sandy plays the _____.

Tom plays the _____.

Larry plays the _____.

Mary plays the _____.

Tina plays the _____.

Musical instruments

47 Material: Picture cards – musical instruments (Folie)

Our nature

Thema **Animals in the garden**

Material Handpuppe, OHP, Folie 2, Folienschreiber, Seile, Arbeitsblatt, Stifte, Wörterliste

Ablauf

> **Wörter/Sätze**
>
> ***caterpillar, hedgehog, butterfly, bumblebee, hedge, buzzing,*** *leaf, apple, grass, flower, tree, bush, frog, rabbit, cat, dog, mouse, bird, animal, garden, sitting, eating, flying, sleeping, running (after), prepositions ...*

Lied: Old Mac Donald (CD 1)

⇨ L zeigt **Folie 2**: *Look, what a pretty garden! What can you see in the garden?*
H bzw. K: *There are bushes/trees/flowers/animals ... in the garden.*
L wiederholt zunächst die bekannten Tiere.

⇨ L führt die neuen Vokabeln ein: *Look, this is a caterpillar/ hedgehog/butterfly/bumblebee/hedge.*
K sprechen jeweils nach.

⇨ L zeigt auf bestimmte Tiere und fragt: *Is this a ...?*
K: *Yes, this is a .../No, this isn't a ...*
L: *How many animals do you see?*
K: *I see nine animals.*

⇨ L: *Where are the animals and what are they doing?*
H bzw. K: *The hedgehog is sitting under the hedge. It is eating an apple. The rabbit is sitting in the grass. It is eating grass. The caterpillar is sitting on a flower. It is eating a leaf. The butterfly is flying. The bird is sitting in the tree. It is singing. The dog is in front of a bush. He is sleeping. The cat is running after a mouse. The bumblebee is buzzing.*

Pantomimespiel
Nacheinander kommen acht Kinder nach vorn und stellen die Tiere pantomimisch dar.
Die anderen stellen ihnen Fragen: *Are you a rabbit?/Are you sitting in the grass?* usw.
K antworten entsprechend.

Spiel: Animal Catcher (auf dem Schulhof oder in der Turnhalle)
Mit Seilen werden 6 Kreise auf dem Boden gelegt: Sie stellen die Häuser der verschiedenen Tiere und des Fängers dar. Ein Kind ist der „animal catcher", die restlichen Kinder werden in 5 Gruppen aufgeteilt: *hedgehogs, caterpillars, bumblebees, butterflies, rabbits.* Sie stehen alle in ihren „Häusern". Der Fänger ruft z. B.: *Butterflies and rabbits, change your houses!* Während die genannten „Tiere" den Befehl befolgen, versucht er eins von ihnen zu fangen und in sein Haus zu bringen. Nach 6 Versuchen stellt er seine Gefangenen vor, z. B.: *I have got two animals: a butterfly and a bumblebee.*

⇨ L schreibt die Wörter zu den Tieren auf die **Folie**. K lesen die Wörter im Chor.

Partnerarbeit (mit den Arbeitsblättern)
K zeigen abwechselnd auf die Tiere und fragen sich gegenseitig: *What animal is this?*

Arbeitsblatt (L: *Fill in the right words.*)
K tragen die Wörter in das Kreuzworträtsel ein.

48 Arbeitsblatt Name:

Fill in the right words.

bird – bumblebee – butterfly – cat – caterpillar
frog – hedgehog – mouse – rabbit

FOLIE 2

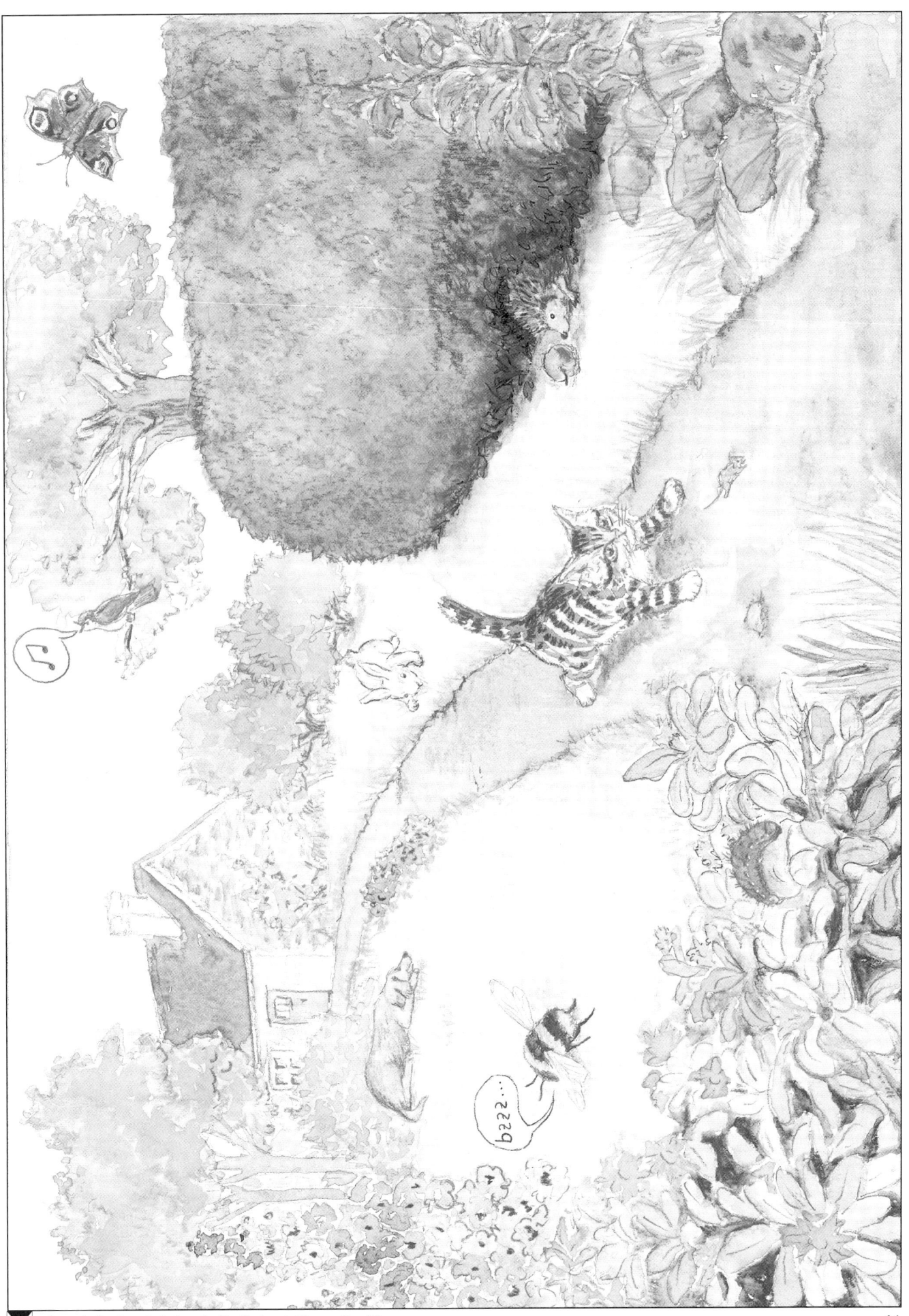

49 50 Once upon a time

Thema: Book: The Very Hungry Caterpillar

Material: Handpuppe, Bilderbuch „The Very Hungry Caterpillar",
Korb (mit Apfel, Orange, Birne, Käse, Wurst, Muffins,
Pflaumen, Erdbeeren), Kokon und grünes Blatt aus Karton,
Zeichenblätter, Wachsmalstifte, Arbeitsblatt, Stifte, Wörterliste

> **Wörter/Sätze**
>
> *hungry, pear, plum, strawberry, sausage, salami, lollipop, ice-cream cone, watermelon, cupcake, pickle, chocolate cake, apple, orange, cherry pie, Swiss cheese, leaf, caterpillar, butterfly; I'd like ...; numbers ..., ordinal numbers ..., weekdays ..., colours ...*

Ablauf

Lied: Baa, baa, Black Sheep (CD 1)

⇨ L: *Do you remember the numbers? Let's count!*
H und K zählen bis 30. Anschließend zählen einzelne Kinder von 40 bis 50, von 60 bis 70. usw.

⇨ Zehn Kinder stellen sich hintereinander auf. Ein Kind zählt durch, ein anderes nennt die entsprechenden Ordnungszahlen:
(Susan) is the first child, (Linda) is the second child. usw.

⇨ L: *Do you remember which day Monday is?*
K: *Monday is the first day of the week.*
L fragt nach den anderen Tagen. K antworten entsprechend.

⇨ L stellt den Korb auf den Tisch: *Yesterday I was very hungry. I bought a lot of things to eat. Look here, I have brought them with me.*
L zeigt nacheinander die Dinge und benennt sie: *This is an apple/orange. This is a plum.* usw.

H: *I am hungry. I'd like a pear. And you, (Susan)?*
(Susan): *I'm hungry. I'd like a plum. And you, (Tom)?* usw.

⇨ **Tafelbild** (oder Realien): Eishörnchen, Lolli, Gewürzgurke, Wassermelone.
L: *These things I like as well. I like an ice-cream cone/a lollipop/a pickle/a watermelon. What do I like?*
K antworten entsprechend.
L: *Do you like ...?*
K: *Yes, I do./No, I don't.*

L: *I know somebody who likes these things as well. It is a very small animal. Here is a book about it. Listen to the story of the very hungry caterpillar!*
L liest das **Buch: The Very Hungry Caterpillar** zunächst bis zu der Stelle vor, wo die Raupe Bauchschmerzen bekommt. Dazu zeigt L die Bilder. (Bei unbekannten Vokabeln zeigt L auf die entsprechenden Abbildungen und lässt die Wörter evtl. nachsprechen.)

⇨ L **unterbricht den Text**: *Please, draw all things the caterpillar has eaten.*
Jedes Kind malt mit Wachsmalstiften eins der Lebensmittel, die die Raupe an den verschiedenen Wochentagen gegessen hat. (Sie sprechen sich vorher ab, wer was malt, sodass später nichts fehlt.)

⇨ K prägen sich das englische Wort für den von ihnen gemalten Gegenstand gut ein.
Während K malen, geht L herum und fragt nach den Wörtern.

Once upon a time

⇨ **In der nächsten Stunde** fragt L: *Do you remember the little hungry caterpillar? What did he eat on Monday/Tuesday …?*
K antworten mit Hilfe des Buches.

⇨ L stellt Fragen zu den Bildern der Kinder, z. B.: *What is this?/What colour is your lollipop?*
K antworten entsprechend.

L liest das ganze **Buch** vor. Dabei lässt L aber bestimmte Wörter weg, die dann von den Kindern gesprochen werden.

⇨ 15 Kinder stellen sich mit ihren Bildern in der Reihenfolge auf, wie ihre gemalten Lebensmittel in der Geschichte vorkommen: *apple, pears, plums …* Ein weiteres Kind spielt die Raupe.

L liest das Buch noch einmal bis zu der genannten Stelle vor.
Dabei halten die Kinder, deren Begriff genannt wird, ihr Bild hoch. Die „Raupe" stellt die Handlung mit entsprechender Mimik und Gestik dar.

⇨ Bevor L den Schluss vorliest, stellen sich zwei weitere Kinder zu den 15 (eins bekommt das vorbereitete grüne Blatt, eins den Kokon). Wieder hält jeder sein Bild hoch, wenn sein Begriff an der Reihe ist.
Die 17 Kinder stellen sich mit gegrätschten Beinen hintereinander auf. Die „Raupe" hockt zunächst am Boden.

L liest das ganze **Buch** vor. Dabei lässt L wieder K die entscheidenden Wörter sprechen.
Die „Raupe" kriecht währenddessen langsam durch die gegrätschten Beine der Kinder hindurch.
Zum Schluss „fliegt" der „Schmetterling" mit ausgebreiteten Armen durch die Klasse.

K singen dazu das **Lied: He's a Jolly Good Fellow** (CD 2).

(Es bietet sich an, dies als kleines Spiel mit den Kindern einzustudieren und evtl. den Eltern vorzuführen.)

⇨ L: *Please, draw a big butterfly.*
K malen einen großen bunten Schmetterling.

Arbeitsblatt (L: *Let's read. Make sentences.*)
L und K lesen gemeinsam. K schreiben kurze Sätze nach einem vorgegebenen Muster.

Evtl. Kreisspiel
K sprechen der Reihe nach Sätze, z. B.: *The caterpillar likes Swiss cheese, I like apples.*
Oder:
K 1: *Does the caterpillar like pickles?* – K 2: *Yes, he does. Does the caterpillar like sausages?*
usw.
Oder:
K 1: *What does the caterpillar like?* – K 2: *The caterpillar likes oranges. What else does he like?*
usw.

Lied: Kookaburra (CD 2)

| 49/50 | **Arbeitsblatt** | **Name:** _____ |

Make sentences.

The caterpillar is hungry.

The caterpillar likes _____ .

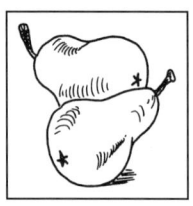

The caterpillar _____ .

The _____ .

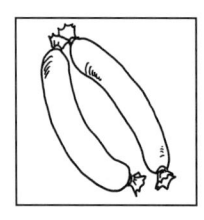

_____ .

_____ .

_____ .

_____ .

---

sausages – plums – strawberries – pears
Swiss cheese – lollipops – cupcakes

51 Food and drinks

Thema   **In a café**

Material   Handpuppe, OHP, Folie 3, Tischdecke, Serviette, englisches Spielgeld, Arbeitsblatt, Stifte, Wörterliste

> **Wörter/Sätze**
>
> ***a cup of coffee/hot chocolate, a glass of lemonade; Can I pay, please?;*** *tea, a glass of milk/coke/orange juice, ice-cream, a piece of apple/strawberry pie; Can I help you?; I'd like ...; That is (ninety pence); Here you are.*

Ablauf

Lied: I'm a Little Teapot (CD 1)

⇨ L zeigt **Folie 3a (oben)**: *Look, Mary is in a café. She is sitting at a table. The waiter is standing beside her. What does he say?*
K bzw. H liest zunächst den ersten Sprechblasentext, dann werden nacheinander auch die anderen Texte gelesen.

Spiel: In a Café
L legt die Tischdecke auf einen Tisch, nimmt eine Serviette über den Arm und sagt:
Now this is a café. I am the waiter. Who of you is Mary? (Susan), please come here.
L und K spielen die Café-Szene nach.
Anschließend übernehmen andere Kinder die Rollen des Kellners und des Gastes.

Partnerarbeit
K spielen die Szene nach, dabei wechseln sie die Rollen.

⇨ L zeigt **Folie 3b (unten)**: *Look, what else you can order.* L zeigt auf die Abbildungen und liest die entsprechenden Begriffe vor. K sprechen jeweils nach. Alle lesen gemeinsam.
L zeigt auf bestimmte Abbildungen und fragt: *Is this a ...?*
K antworten entsprechend.

⇨ K nennen Wünsche, z. B.: *I'd like a cup of tea/a piece of strawberry pie ...*

Spiel: In a Café
Die Café-Szene wird jetzt mit vier Kindern gespielt (drei Gäste und ein Kellner).
K bestellen verschiedene Getränke und Kuchen. Die anderen Kinder schauen zu.

Gruppenarbeit (4–6 K)
K spielen die Café-Szene selbstständig.
L geht von Tisch zu Tisch und hilft, wenn es nötig ist.

Arbeitsblatt (L: *Write the missing parts of the sentences.*)
K füllen den Lückentext aus.

Lied: Polly, Put the Kettle On (CD 1)

51 Arbeitsblatt Name:

Write the missing parts of the sentences.

| ninety pence | help you | Thanks | I pay | you are | I'd like a |

Speech bubbles:
- Can I _____?
- _____ cup of hot chocolate, please.
- Here _____.
- Can _____, please?
- That is _____.

FOLIE 3a/b

- Can I help you?
- I'd like a cup of hot chocolate, please.
- Here you are.
- Thanks.
- Can I pay, please.
- That is ninety pence.

a cup of coffee	a cup of hot chocolate	a glass of milk	an ice-cream	a glass of coke
a glass of lemonade	a glass of orange juice	a cup of tea	a piece of apple pie	a piece of strawberry pie

52 Leisure time

Thema — **My bike**

Material — Handpuppe, OHP, Folie vom Arbeitsblatt, Fahrrad, Arbeitsblatt, Stifte, Wörterliste

Ablauf

> **Wörter/Sätze**
>
> **bell, speedometer, frame, saddle, head lamp, rear lamp, reflector, lock, pedal, pump;** On my bike there is a ...; What number is ...?; numbers ..., colours ...

Lied: Humpty, Dumpty (CD 1)

⇨ Vorn steht ein Fahrrad (evtl. hat L vorher die entsprechenden Teile – siehe Wörter – abmontiert).
L zeigt nacheinander auf die verschiedenen Teile und benennt sie:
This is the head lamp/reflector/lock ...
K sprechen jeweils nach.

⇨ Einige Kinder kommen zum Fahrrad.
H bittet K: *Please show me where the saddle/bell ... is!*
K zeigen auf die entsprechenden Fahrradteile und benennen sie: *This is the (saddle).*

L zeigt auf die **Folie vom Arbeitsblatt** und liest gemeinsam mit K die Wörter.

⇨ Anschließend stellt L Fragen zu den Teilen: *What is number (two)?*
K: *It's the (speedometer).*
L: *What number is the (pump)?*
K: *The (pump) is the number (6)*

Spiel: Chain Game (Kofferpacken)
Die Kinder sitzen im Stuhlkreis. L beginnt: *On my bike there is a (saddle).*
Der linke Nachbar fährt fort: *On my bike there is a (saddle) and a (speedometer).*
Im Uhrzeigersinn wiederholen die Kinder die bisher genannten Teile in der richtigen Reihenfolge und fügen jedes Mal ein weiteres hinzu.
Das Spiel ist zu Ende, wenn ein Spieler die Reihenfolge durcheinander bringt oder nicht weiter weiß.

Arbeitsblatt (L: *Let's read once more. Fill in the right words and colour the bike.*)
L und K lesen gemeinsam. K schreiben die Bezeichnungen der Fahrradteile zu den entsprechenden Nummern. Sie malen das Rad in den vorgegebenen Farben an.

Gruppenarbeit (3–4 K)
K stellen sich gegenseitig Fragen zu den einzelnen Fahrradteilen: *What is number ...?/ What number is the ...?*
Sie antworten entsprechend.

Lied: The Wheels on the Bus (CD 2)

52 Arbeitsblatt (Folie) Name:

Fill in the right words and colour the bike.

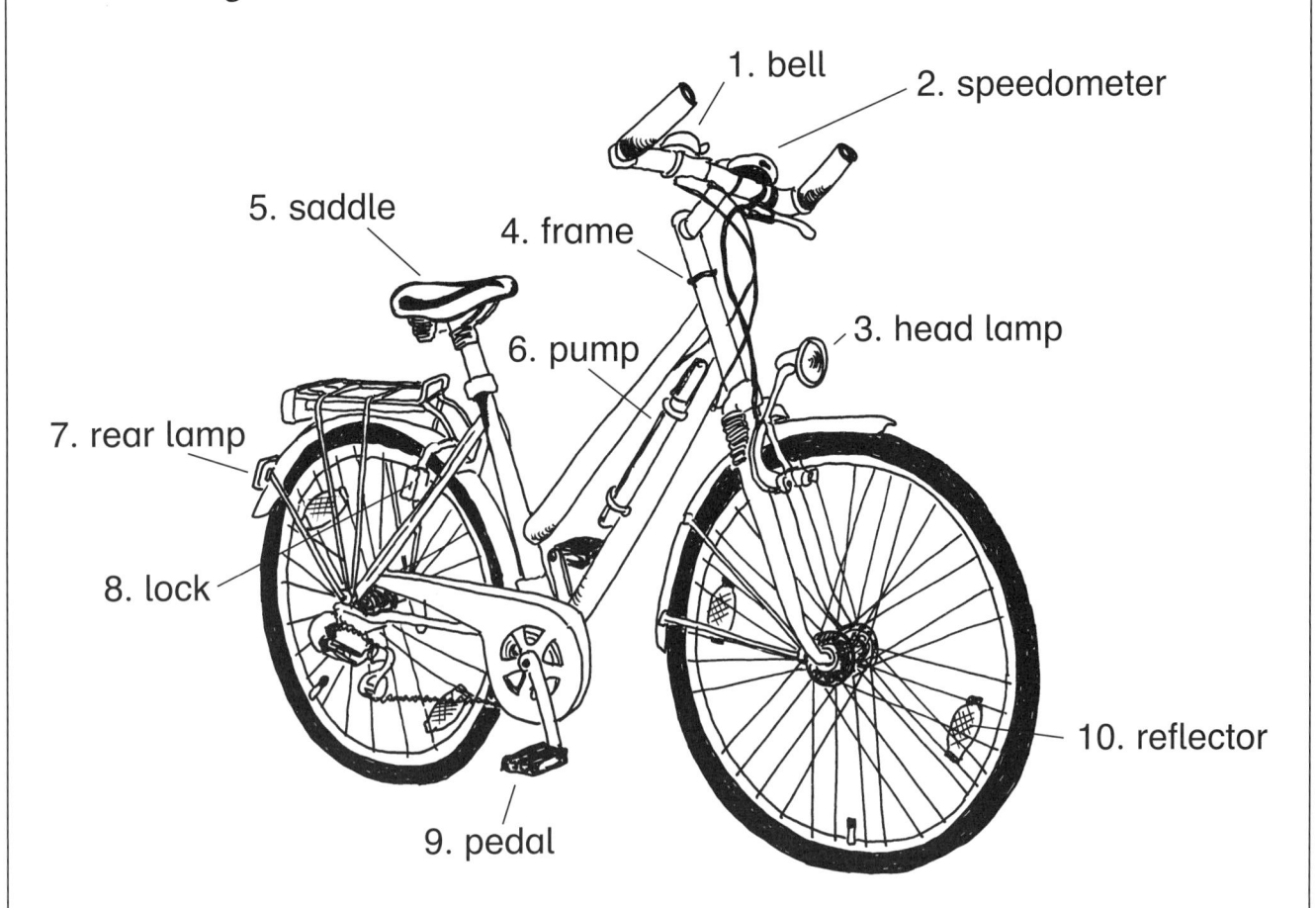

1. bell
2. speedometer
3. head lamp
4. frame
5. saddle
6. pump
7. rear lamp
8. lock
9. pedal
10. reflector

Number one is the _____. Colour it green.

Number two is the _____. Colour it black.

Number three is the _____. Colour it red.

Number four is the _____. Colour it yellow.

Number five is the _____. Colour it brown.

Number six is the _____. Colour it grey.

Number seven is the _____. Colour it red.

Number eight is the _____. Colour it blue.

Number nine is the _____. Colour it black.

Number ten is the _____. Colour it orange.

53 Once upon a time

Thema

Fable: The Ant and the Grasshopper

Material Handpuppe, OHP, Folie 2, Folie 4, Abbildungen: Ameise und Grashüpfer, Arbeitsblatt, Stifte, Wörterliste

Ablauf

Wörter/Sätze

ant, grasshopper, to ask for, not even a single (crumb), summer, winter, to work hard, to give, to make music, food, caterpillar, hedgehog, bumblebee, butterfly, frog, rabbit, cat, mouse, dog, bird

Lied: He's Got the Whole World (CD 2)

⇨ L zeigt **Folie 2** und wiederholt die Tiere im Garten.

⇨ L führt die neuen Tiere *ant* und *grasshopper* ein (mit Hilfe von Abbildungen).

L: *Now I read you a short story about these two animals.*
L zeigt **Folie 4** und erzählt die **Fabel: The Ant and the Grasshopper** (nach Jean de La Fontaine).
(Evtl. erklärt L einiges auf Deutsch.)

Once upon a time there lived an ant and a grasshopper on a sunny hill. The grasshopper was very pretty. He had a green coat.
And every day he made music, lovely music.
"I am sure, that winter will not come. There is no need for collecting food", he said, and he went on making this nice music.
The ant was small and black. She was working every day. She worked hard! She collected a lot of food for the winter.
After some time the leaves began to fall. It became colder and colder. And one day there were flakes of snow falling on the hill. The grasshopper didn't find anything to eat. He grew hungry, more and more.
One day, the grasshopper went to the ant, because he knew that she had a lot of food. And he asked her for a little bit of it.
But the ant didn't give him anything, not even a single crumb.
She said: "In summer you made a lot of music to get something to eat. So you can earn your living by dancing now. Go away!"
The ant did never see the grasshopper again.

L erzählt die Geschichte noch einmal mit Hilfe der Bilder in Kurzform. H und K helfen dabei.

⇨ L teilt K ein in *ants* und *grasshoppers*.
Während L die Geschichte noch einmal vorliest, stehen die genannten Tiere kurz auf.

⇨ L stellt Fragen zur Geschichte, z. B.: *Who was very pretty?; What was the grasshopper wearing?; What was the ant doing every day?; What did the ant collect?; What season was it, when the grasshopper asked the ant for some food?*
K antworten entsprechend.

Arbeitsblatt (L: *Let's read. Write the numbers to the sentences.*)
L und K lesen gemeinsam. K schreiben die entsprechenden Zahlen zu den Sätzen.

Lied: Kookaburra (CD 2)

53   **Arbeitsblatt**   **Name:**

Write the numbers to the sentences.

○ The ant doesn't give him anything, not even a single crumb.

○ In the summer the ant is working hard.

○ In the summer the grasshopper is making music.

○ In the winter the grasshopper asks the ant for food.

FOLIE 4

54 At home

Thema | **The house**

Material Handpuppe, OHP, Folie 5, CD-Player mit CD 2, Arbeitsblatt 1, Arbeitsblatt 2, evtl. Liederblatt, Stifte, Wörterliste

Ablauf

> **Wörter/Sätze**
>
> **hall, stairs, bookshelf, carpet, cupboard, lamp, flower-pot, sofa, cooker, armchair, toilet, bath-tub, desk,** bed, chair, table, wardrobe, TV, computer, poster, picture, living room, bedroom, kitchen, bathroom, children's room, right, left, colours ..., prepositions ...

Lied: Hokey Cokey (CD 1)

⇨ L zeigt **Folie 5** und wiederholt zunächst die bekannten Vokabeln: *Look, This is Nancy's and Nick's house. Here you can see the rooms.*
L stellt Fragen zu den verschiedenen Zimmern und Einrichtungsgegenständen, z. B.: *What room is this?; Where can you see a wardrobe?*
K antworten entsprechend.

⇨ L führt die neuen Vokabeln ein: *In the bathroom you can see a toilet and a bath-tub. In the living room you can see a sofa and two armchairs ...*
H und K sprechen jeweils nach.

⇨ L stellt Fragen zu den Zimmern, z. B.: *In which room can you see a TV?*
K antworten entsprechend.
L: *What can you see in the (kitchen)?*
K nennen zu jedem Zimmer so viele Gegenstände wie möglich.

L führt ein neues Lied ein: 28. In and out and Round the House (s. Tipps, S. 11).

Spiel: I'm Thinking of ... (zur Folie)
Ein Kind denkt sich einen Gegenstand aus einem bestimmten Zimmer. Die anderen sollen erraten, um was es sich handelt: *Is it in the kitchen/bathroom ...?; Is it a ...?*
Wer es herausfindet, denkt sich den nächsten Gegenstand aus.

Arbeitsblatt 1 (L: *Let's read. Complete the sentences.*)
L und K lesen gemeinsam. K füllen den Lückentext aus.

Arbeitsblatt 2 (L: *Let's read. Draw the missing things.*)
L und K lesen gemeinsam. K zeichnen die entsprechenden Dinge an die richtigen Stellen.

Spiel: Furniture Painter
Während ein Kind einen Einrichtungsgegenstand an die Tafel zeichnet, versuchen ihn die anderen so schnell wie möglich zu erraten. Jeder darf aber nur ein Mal raten.
Wer den gesuchten Begriff als Erster nennt, geht an die Tafel und zeichnet den nächsten Gegenstand.

Lied: Five in the Bed (CD 1)

54 Arbeitsblatt 1   Name: _____

1. There are two beds in the right _____.

2. There are stairs in the _____.

3. There is a sofa in the _____.

4. There are a table and two chairs in the _____.

5. There is a bookshelf in _____.

6. There is a wardrobe in _____.

7. There is a bath-tub in the _____.

54   Arbeitsblatt 2   Name:

Read and draw.

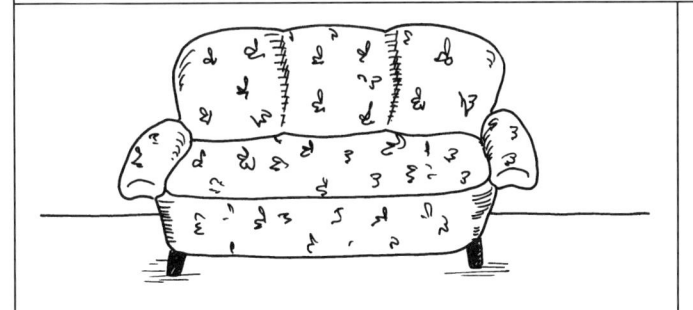

There is a red carpet in front of the sofa.	There is a picture beside the bookshelf.
The table is standing between two chairs.	There is a computer on the desk.
There is a lamp beside the armchair.	There is a wardrobe behind the bed.
There is a flower-pot beside the TV.	There is a chair in front of the desk.

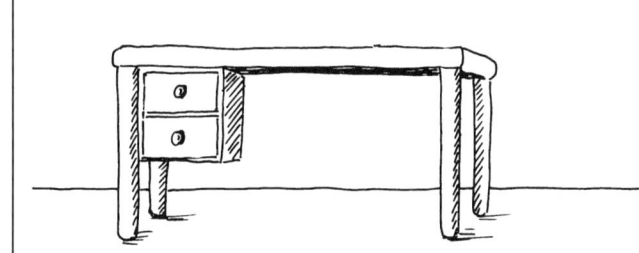

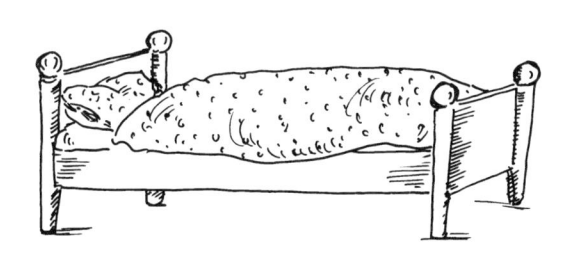

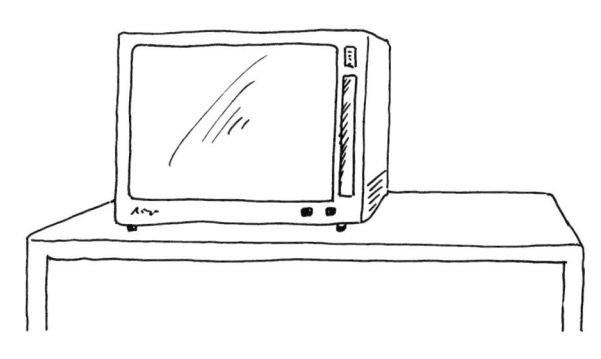

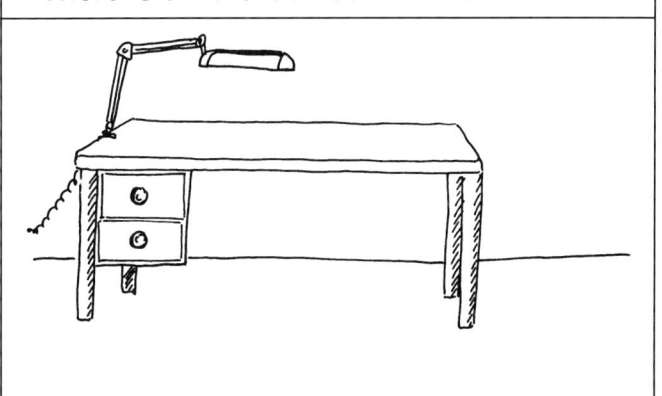

54 Lied: In and out and Round the House

trad.

1. In and out and round the house,
round the house, round the house, in and out and
round the house, there's a lot of work to do.

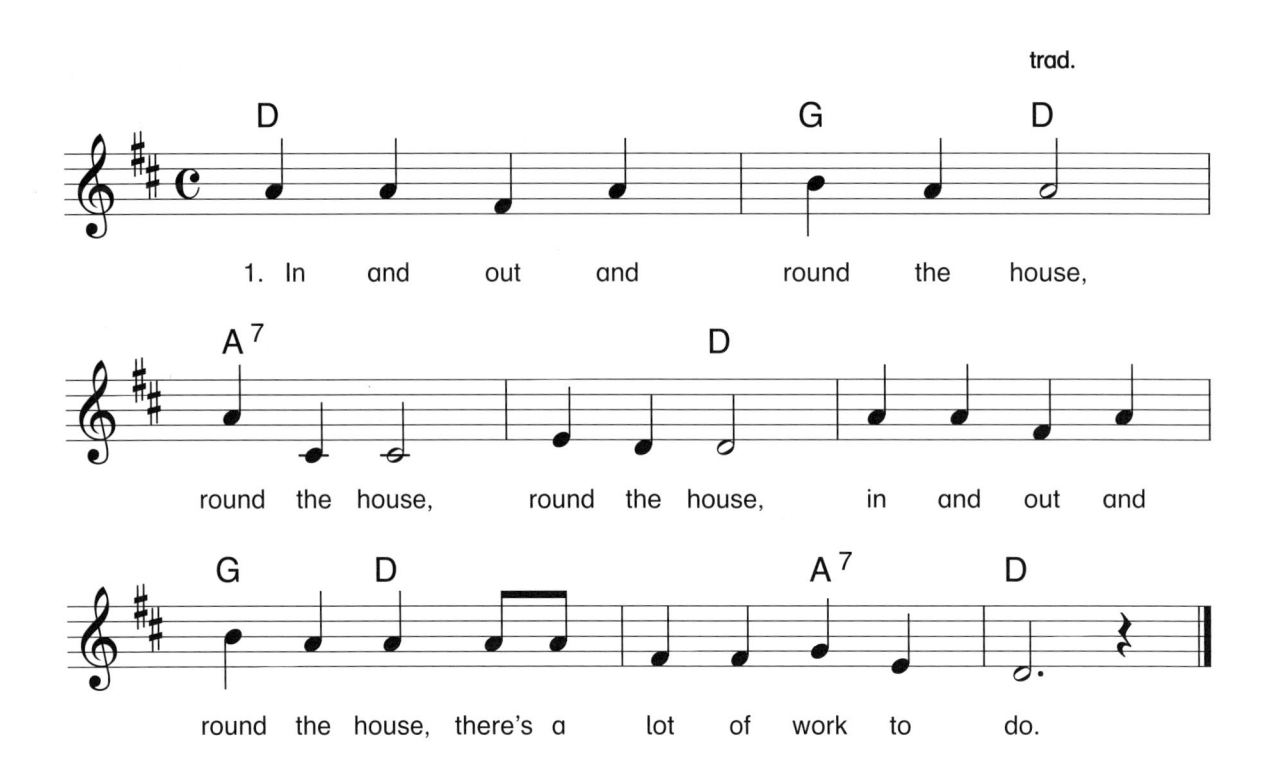

2. Will you come and work with me,
   work with me, work with me,
   will you come and work with me,
   there's a lot of work to do.

3. Bring a broom and sweep the room,
   sweep the room, sweep the room,
   bring a broom and sweep the room,
   to make it bright and clean.

4. Bring your soap and scrub the floor,
   scrub the floor, scrub the floor,
   bring your soap and scrub the floor,
   to make it bright and clean.

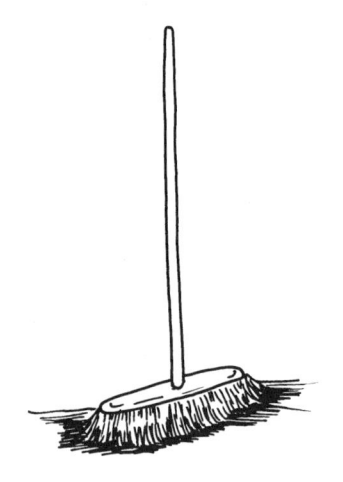

5. Bring a duster for the chairs,
   for the chairs, for the chairs,
   bring a duster for the chairs,
   to make them bright and clean.

FOLIE 5

55 Our world

Thema: How people live

Material: Handpuppe, OHP, Folie 6, CD-Player mit CD 2 und neutraler Musik-CD, Picture cards: habitations (s. Material), Arbeitsblatt, Stifte, Wörterliste

Wörter/Sätze

flat, caravan, tent, lighthouse, farmhouse, boat, igloo, castle, house, ghost; Where do you live?; I live in a …

Ablauf

Lied: Here We Go Round the Mulberry Bush (CD 2)

⇨ L zeigt **Folie 6**: *Let us look where these people live.*
Mrs Males lives in a small house. Mr Thompson lives in a flat. Harry lives in a lighthouse by the sea. Jennifer lives in a farmhouse on a hill. The ghost lives in a castle. Mr Porter lives in a caravan with his dog. Sam and Eve live in a tent. Peter lives on a boat. Unak lives in an igloo.
H und K sprechen jeweils nach.

⇨ L stellt Fragen zur Folie, z. B.: *Where does Mrs Males live?*
K antworten mit Hilfe von H.

⇨ Neun Kinder bekommen die Bildkarten. Die anderen sollen erraten, wo die neun wohnen:
Do you live in a …?
K: *Yes, I do./No, I don't.*

Anschließend fragt L die neun Kinder: *(Susan), tell me, where do you live?*
K antworten entsprechend ihren Bildkarten, z. B.: *I live in a flat.*

Spiel: Tip-Top
Die Kinder sitzen im Stuhlkreis und jedes bekommt eine Behausung (Bildkarten) zugeteilt. Ein Kind steht in der Mitte. Es wendet sich einem Mitschüler im Kreis zu und ruft: **Tip** bzw. **Top**. Bei **Tip** muss das angesprochene Kind die Behausung des linken Nachbarn nennen, bei **Top** die Behausung des rechten Nachbarn.
Ist die Antwort richtig, bleibt das Kind in der Mitte stehen. Wenn die Antwort falsch ist, geht das linke bzw. rechte Kind in den Kreis.
Bei **Tip-Top** wechseln alle Kinder die Plätze.

Spiel: Where Do You Live?
Jedes Kind hat eine Bildkarte und geht damit zur Musik durch den Klassenraum. Wenn die Musik stoppt, fragen sich die Kinder gegenseitig: *Where do you live?*
Sie antworten entsprechend ihren Bildkarten.
Evtl. stellen sie sich auch die Frage: *Do you live (in a tent/on a boat)?* – K: *Yes, I do./No, I don't.*

L führt ein neues Gedicht ein: 13. There Was an Old Woman (s. Tipps, S. 11).

There was an old woman, who lived under a hill,
And if she's not gone, she's living there still.

Arbeitsblatt (L: *Let's read. Match the words with the pictures.*)
L und K lesen gemeinsam. K verbinden die Wörter mit den entsprechenden Abbildungen.

Lied: In and out and Round the House (CD 2)

55 — Arbeitsblatt — Name:

Match the words with the pictures.

- tent
- lighthouse
- caravan
- house
- flat
- igloo
- castle
- farmhouse
- boat

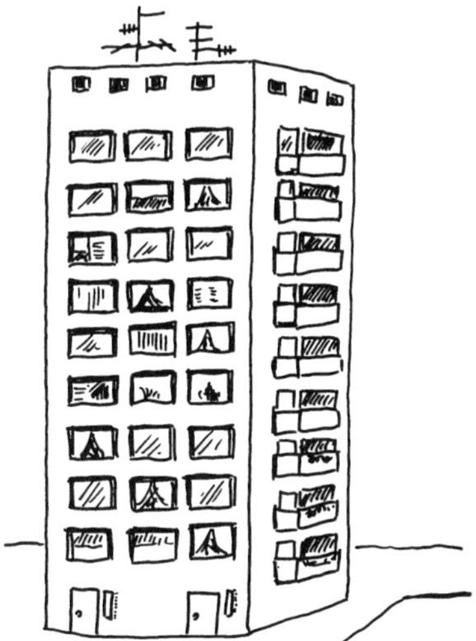

55 — Material: Picture cards – habitations

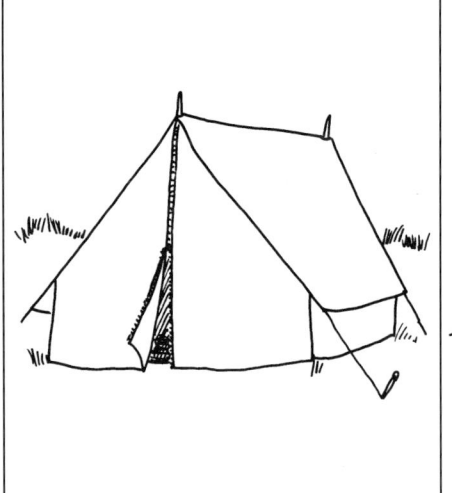

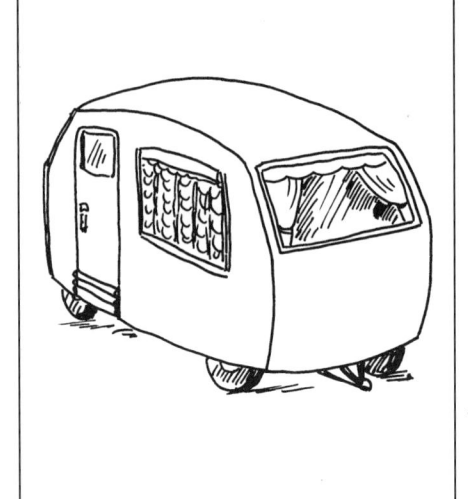

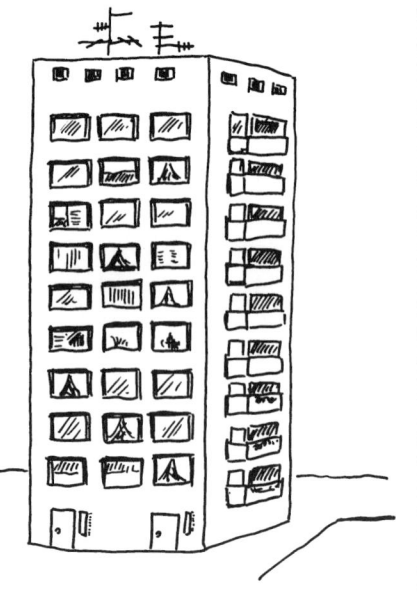

FOLIE 6

56 Our world

Thema **Traffic/Great Britain**

Material Handpuppe, OHP, Folie 7, Picture cards: vehicles (s. Englisch – 4. Klasse, Bd. 1, S. 104), Schaffnermütze, englisches Spielgeld, evtl. alte Fahrscheine, CD-Player mit CD 2, evtl. Liederblatt, Stifte, Wörterliste

Wörter/Sätze

station, to leave, ticket, single, return, next, train, to arrive, when; How much is ...?; Here you are; I like going by ...; at (ten) o'clock, first, second, third, fourth, vehicles ...

Ablauf

Lied: The Wheels on the Bus (CD 2)

⇨ L wiederholt die Verkehrsmittel mit Hilfe der Bildkarten:
Do you remember the names of the vehicles?/How do you go to school (to the zoo, to the supermarket ...)?
K antworten entsprechend.

L führt ein neues Lied ein: 29. Puffer Train (s. Tipps, S. 11).

⇨ L zeigt **Folie 7**: *Look, there are a lot of trains going through Great Britain: The first train is going from Plymouth to London. The second train is going from Bristol to Liverpool. The third train is going from Manchester to Edinburgh. The fourth train is going from London to Manchester.*
K sprechen jeweils nach.

⇨ L stellt Fragen zur Folie, dabei zeigt L auf die entsprechenden Ziel- bzw. Abfahrtsbahnhöfe:
Where is the (first) train going to?; Where is the (second) train coming from?; Which train is going to (Edinburgh)?
H und K antworten entsprechend.

Spiel: At the Station
L: *(Jimmy) wants to go to the sea by train. At first he must buy a ticket at the station.*
(L setzt sich die Schaffnermütze auf.) *Look at (Jimmy) and me and listen!*
H: *When is the next train to Brighton?* – L: *At nine o'clock.*
H: *When does it arrive?* – L: *At ten o'clock.*
H: *How much is the ticket?* – L: *Single or return?* (L unterstützt mit entsprechender Gestik.)
H: *Single, please.* – L: *It's ten pounds. Here you are.*
H: *Thank you, goodbye.*
Anschließend übernehmen K die Rollen des Reisenden und später auch die des Schaffners.

⇨ L: *I like going by train.* – H: *I like going by bus.* – K: *I like going by ...* usw.

L führt ein neues Gedicht ein: 14. Rickety Train Ride (s. Tipps, S. 11).
L unterstützt mit entsprechender Mimik und Gestik und wackelt beim Vortragen im Sprechrhythmus hin und her. (Die 2. Strophe ist nur für besonders gute Schüler geeignet.)

I'm taking the train to Ricketywick. / Clickety, clickety, clack.
I sat in my seat / With a sandwich to eat / As I travel the trickety track.

It's an ever so rickety trickety train, / And I honestly thinkety think
That before it arrives / At the end of the line / It will tip up my drippety drink.
(Tony Mitton)

Alternative
K malen den Zug auf dem **Liederblatt** an.

Lied: Puffer Train

trad.

Puf-fer train, Puf-fer train, noi-sy lit-tle Puf-fer train,
if you're go-ing to the sea, Puf-fer train, oh please take me.
Ff - ff - ff. Sh - sh - sh. Ch - ch - ch - ch - ch,
ch - ch - ch, noi-sy lit-tle Puf-fer train.

FOLIE 7

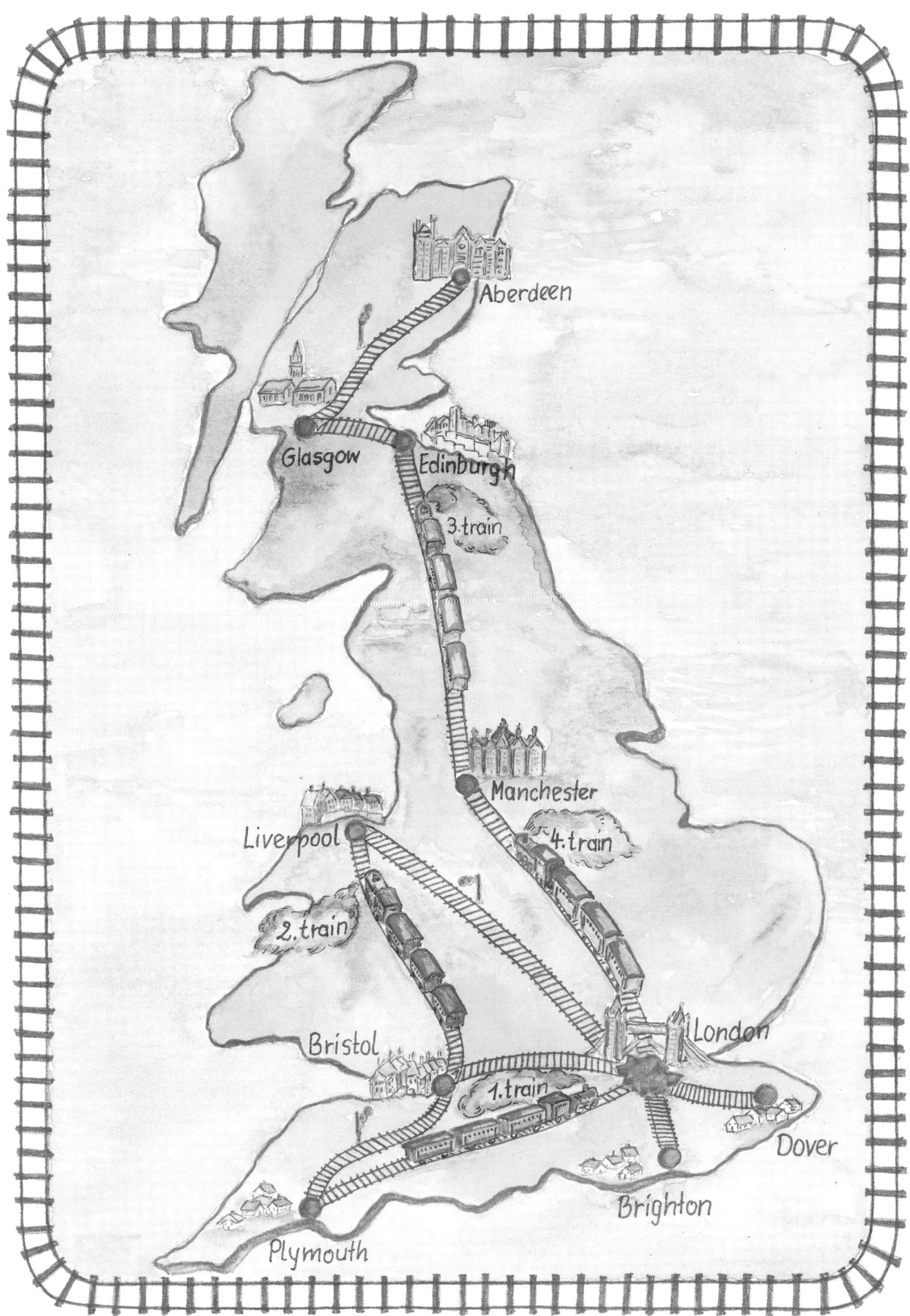

57 Throughout the year

Thema | **Flowers in spring**

Material | Handpuppe, OHP, Folie 8, Picture cards: flowers (s. Material 2), evtl. echte Blumen, CD-Player mit neutraler Musik-CD, Arbeitsblatt 1, Arbeitsblatt 2, Materialblatt 1, Schere, Klebstoff, Stifte, Wörterliste

> **Wörter/Sätze**
>
> **violet, tulip, daisy, daffodil, pansy, primrose,** snowdrop, dandelion, colours ...

Ablauf

Lied: He's Got the Whole World (CD 2)

⇨ L zeigt **Folie 8** (evtl. auch echte Blumen) und führt die neuen Vokabeln ein: *This is Grandmother's garden. Look, these are tulips/violets/daisies/daffodils/pansies/primroses.*
K sprechen jeweils nach.

⇨ L wiederholt die bekannten Blumen: *snowdrop, dandelion.*

⇨ L stellt Fragen zur Folie, z. B.: *How many dandelions has Grandmother got in her garden?; What colour are the snowdrops?*
K antworten entsprechend.

⇨ L: *I like tulips, but I don't like (pansies). What do or don't you like?*
K bilden Sätze nach demselben Muster.
L: *Which flowers do you like most?*
K antworten entsprechend.

⇨ Jeweils acht Kinder stellen sich vor die Klasse. Sie bekommen die Bildkarten, die sie verdeckt halten. Die anderen sollen herausfinden, welche Blume jedes Kind hat: *(Susan), have you got (tulips)? – (Susan): Yes, I have./No, I haven't.*
K fragen die „Karten-Kinder": *Which flowers have you got?* – K antworten entsprechend.

Spiel: A Bunch of Flowers
Jedes Kind bekommt eine Bildkarte. Sie gehen zur Musik durch den Klassenraum. Wenn die Musik stoppt, fragen sie ihre Mitspieler nach bestimmten Blumenkarten, z. B.: *Have you got tulips?* Hat der Spieler die Karte, muss er sie dem fragenden Kind geben. Sieger ist, wer nach einer vereinbarten Zeit die meisten Karten hat, oder wer alle acht Blumen hat.

Spiel: What's Missing? (s. Spiele 4.1)
(mit Bildkarten)

Arbeitsblatt 1 (L: *Let's read. Write the missing words.*)
L und K lesen gemeinsam. K füllen den Lückentext aus.

Arbeitsblatt 2 und **Materialblatt 1** (L: *Make your own garden. Colour the flowers, cut them out, and stick them onto the garden picture.*)
K malen die Blumen auf dem Materialblatt an, schneiden sie aus und kleben sie auf das Arbeitsblatt.

Lied: Here We Go Round the Mulberry Bush (CD 2)

57 — Arbeitsblatt 1 — Name: _____

Write the missing words.

| daffodils |  dandelions |  daisies |  pansies |

| primroses |  violets |  snowdrops |  tulips |

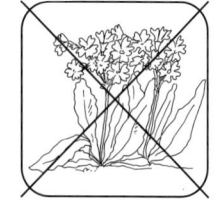

Sally likes daffodils,

but she doesn't like _____.

Fred likes _____,

but he doesn't like _____.

Bill likes _____,

but he doesn't like _____.

Lucy likes _____,

but she doesn't like _____.

| 57 | **Arbeitsblatt 2** | **Name:** |

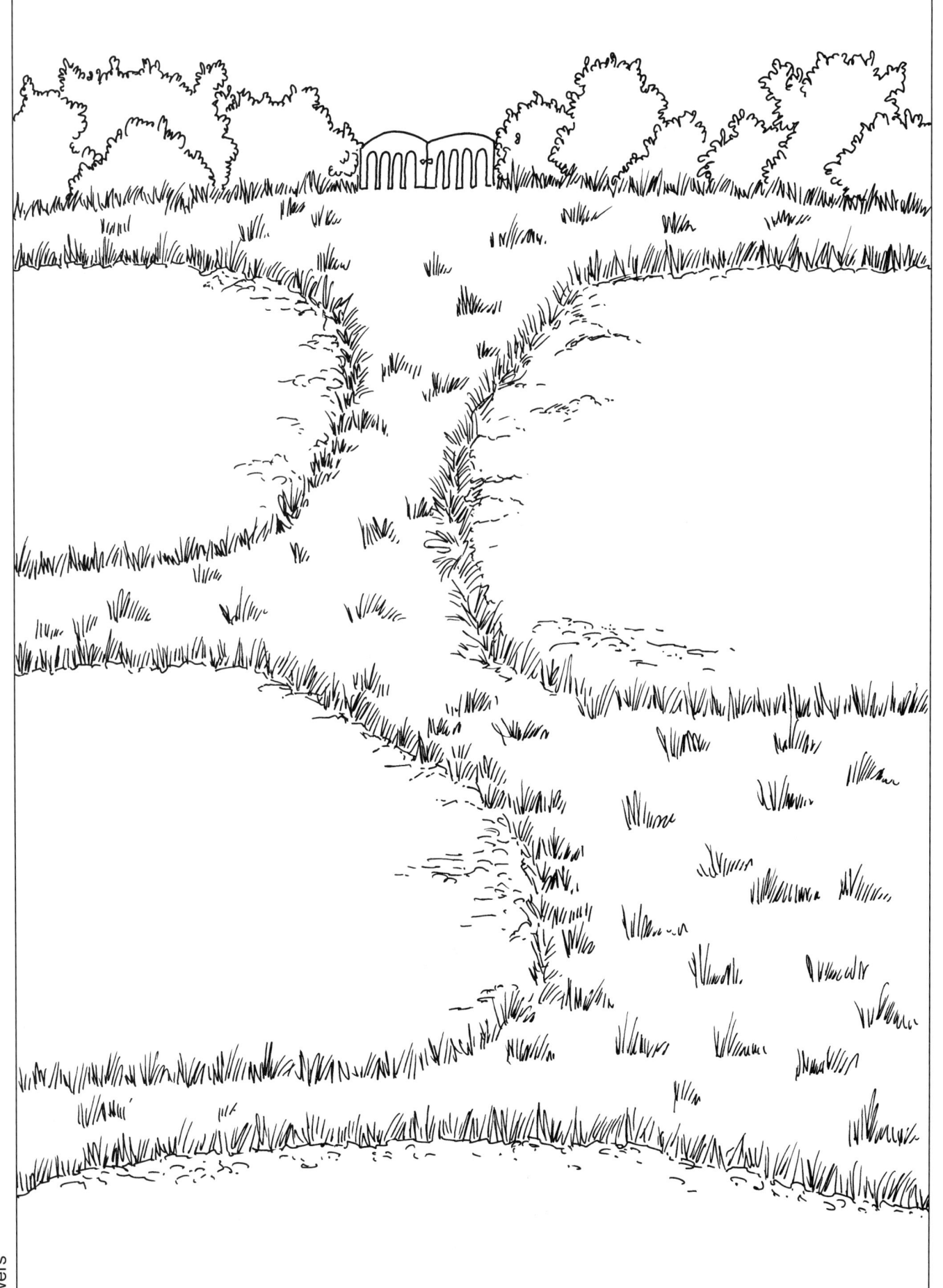

57 Material 1: Flowers

Colour the flowers, cut them out, and stick them onto the garden picture.

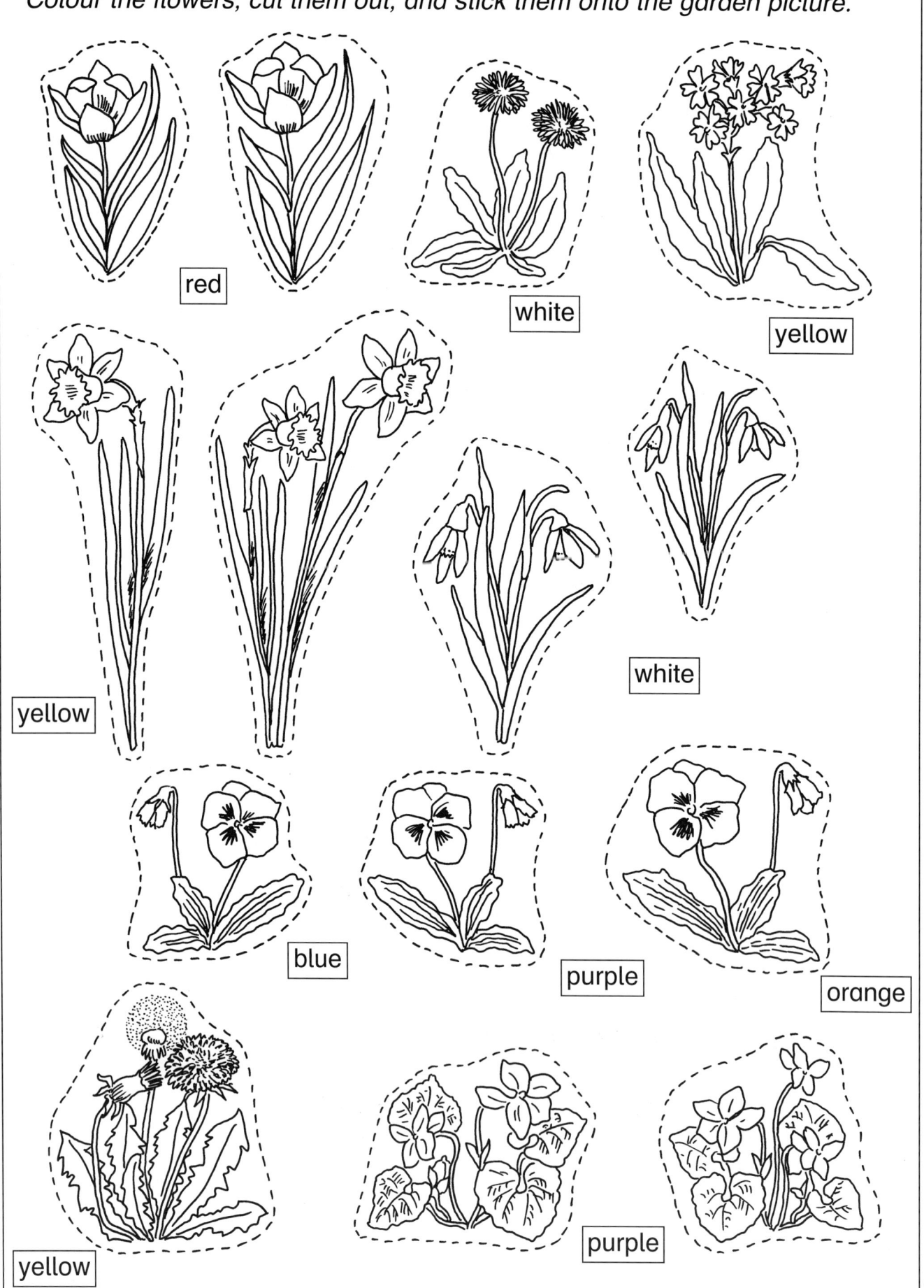

red

white

yellow

yellow

white

blue

purple

orange

yellow

purple

57 — Material 2: Picture cards – flowers

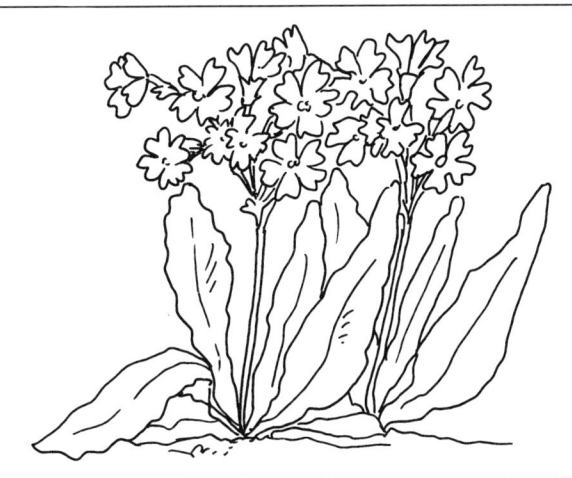

FOLIE 8

58 At home

Thema **Activities/The house**

Material Handpuppe, OHP, Folie 5, Arbeitsblatt, Stifte, Wörterliste

> **Wörter/Sätze**
>
> *having a bath, listening to music,* watching TV, cooking, eating, reading the newspaper, sleeping, working at the computer, father, mother, aunt, grandfather, grandmother, daughter, son, brother, sister, cat, dining room, bedroom, living room, bathroom, kitchen, hall; Who is in the ...?; Where is ...?; What are you doing?

Ablauf

Lied: Five in the Bed (CD 1)

➪ L zeigt **Folie 5**: *Do you remember whose house this is?*
K: *This is the house of Nick and Nancy.*
L: *That's right. This is the house of the Jones family: Mum, Dad, Nick, Nancy, Aunt Mary, and Grandma, and Granddad.*
L zeigt auf die verschiedenen Personen und fragt:
Who is this? – K antworten entsprechend.
L wiederholt die Vokabeln für die verschiedenen Verwandtschaftsbezeichnungen (*son, daughter, brother ...*) und Zimmer.

➪ L: *At the moment everyone is at home. Where is Mum?*
K: *Mum is in the living room. Where is (Nick?)* usw.

L: *Who is in the dining room?*
K antworten entsprechend und stellen Fragen nach den Personen in den anderen Zimmern.

➪ L: *What is Mum/Dad/Grandma/Aunt Mary/Granddad/Nick/Nancy/the cat doing?*
Mit Hilfe von H beantworten K die Fragen, bzw. sprechen nach:
Mum is reading the newspaper. Dad is cooking. Grandma is watching TV. Aunt Mary is having a bath. Granddad is eating. Nick is listening to music. Nancy is working at the computer. The cat is sleeping.

➪ K stellen sich gegenseitig Fragen nach den Tätigkeiten der Familienmitglieder.

Pantomimespiel
K stellen die Tätigkeiten pantomimisch dar. Die anderen raten, um welche Tätigkeit es sich handelt: *Are you (sleeping)?* – K: *Yes, I am./No, I'm not.*

Partnerarbeit
K 1 stellt eine Tätigkeit pantomimisch dar. K 2 fragt: *What are you doing?/Are you (cooking)?*
K 1 antwortet entsprechend. Anschließend tauschen sie die Rollen.

Arbeitsblatt (L: *Let's read. Write the numbers to the sentences.*)
L und K lesen gemeinsam. K schreiben die Zahlen zu den Sätzen.

Lied: In and out and Round the House (CD 2)

58 Arbeitsblatt   Name: _____

Write the numbers to the sentences.

◯ Mother is reading the newspaper.

◯ Grandma is watching TV.

◯ Father is cooking.

◯ The cat is sleeping.

◯ Granddad is eating.

◯ Nick is listening to music.

◯ Nancy is working at the computer.

◯ Aunt Mary is having a bath.

59 At home

Thema **Pets/Prepositions**

Material Handpuppe, OHP, Folie vom Arbeitsblatt, Picture cards:
pets (s. Material), Arbeitsblatt, Stifte, Wörterliste

Ablauf

Lied: Kookaburra (CD 2)

⇨ L zeigt die Bildkarten (evtl. als Folie): *Let us see, if you know these animals.* K benennen die Tiere, die sie kennen: *This is a fish/dog ...*
L führt die neuen Tiere ein (und macht dabei den Unterschied zwischen *cat* und *kitten* deutlich). K sprechen jeweils nach.

L zeigt auf bestimmte Tiere: *Is this a ...?*
K antworten entsprechend.

⇨ Acht Kinder kommen nach vorn. Jedes erhält eine Bildkarte. Die anderen Kinder stellen ihnen Fragen, z. B.: *Sarah, have you got the budgie?*
K antworten entsprechend.

Pantomimespiel
Einige Kinder kommen nach vorn und stellen die Tiere pantomimisch dar. Die anderen raten, um welches Tier es sich handelt: *Are you a (kitten)?* – K: *Yes. I am./No, I'm not.*

Spiel: Which Animal Is Missing? (What's Missing?) (s. Spiele 4.1)
(mit Bildkarten)

⇨ L: *The Jones family has got a lot of pets. But at the moment they are all missing. They can't find a single animal. Let us help them to find the pets.*
L zeigt die **Folie vom Arbeitsblatt**: *Let us look for the dog. Is the dog behind the (sofa)?* usw.
K: *No, he isn't.*
L: *But where is the dog?*
K: *The dog is under the table.*
Anschließend fragt L nach den anderen Tieren.
K antworten entsprechend.

Partnerarbeit (mit den Arbeitsblättern)
K stellen sich gegenseitig Fragen zu den Abbildungen: *Where is ...?*
Sie antworten entsprechend.

Arbeitsblatt (L: *Where are the pets? Put in the right prepositions.*)
K setzen die passenden Präpositionen ein.

Lied: Baa, baa, Black Sheep (CD 1)

Wörter/Sätze

budgie, kitten, tortoise, rabbit, hamster, guinea-pig, dog, fish, table, sofa, armchair, lamp, bookshelf, flower, prepositions ...

59 Arbeitsblatt (Folie) Name: _____

Where are the pets? Put in the right prepositions.

in – behind – on – under – between – beside

The hamster is _____ the flowers.

The rabbit is _____ the sofa.

The budgie is _____ the lamp.

The tortoise is _____ the armchair.

The kitten is _____ the bookshelf.

The dog is _____ the table.

The fish is _____ the aquarium.

59 Material: Picture cards – pets

Once upon a time

Thema — Fairytale: The Three Little Pigs

Material — Handpuppe, OHP, Folie 9, Arbeitsblatt, Stifte, Wörterliste

Ablauf

> **Wörter/Sätze**
>
> *to build, to blow down, straw, brick, chimney,* fire, house, stick, wolf, pig, farmer, workman, mother, hot, water, first, second, third

Lied: Old Mac Donald (CD 1)

L erklärt einige Wörter (anhand von **Tafelbildern**, Realien oder Abbildungen – mit entsprechender Mimik und Gestik): *straw, brick, chimney, to blow down.*

L zeigt **Folie 9** und erzählt dazu das **Märchen: The Three Little Pigs**.

> Once upon a time there were three little pigs. Their names were Inkey, Tinkey, and Pinkey. They wanted to set off in the wide world and build homes of their own.
> "That's a good idea", their mother said, "but watch out for the big, bad wolf! He likes to eat little pigs!" So they went off.
> A short time later they met a farmer with a load of straw.
> "Good morning", said the first little pig, "may I have the straw, please? I want to build a strong, safe house." "Of course", the farmer said, "here you are."
> So Inkey built a house of straw.
> The other two little pigs walked on and some time later they met a farmer with a load of sticks.
> "Good morning", said the second little pig, "may I have the sticks, please? I want to build a strong, safe house." "Of course", said the farmer, "here you are."
> So Tinkey built a house of sticks.
> The third little pig walked on and soon he met a workman with a load of fine red bricks.
> "Good morning", said the little pig, "may I have some bricks, please? I want to build a strong, safe house." "Of course", said the workman, "here you are."
> So Pinkey built a strong, safe house of bricks with a door, a window, and a chimney.
> The first night Inkey heard the wolf calling: "Little pig, little pig, let me come in!"
> "No, no, by the hair of my chinny chin chin, I'll not let you in. You are the big, bad wolf!"
> "Then I'll huff, and I'll puff, and I'll blow your house down!"
> And the wolf huffed, and puffed, and blew the house of straw down. But the little pig ran quickly to his brother Tinkey.
> The second night Inkey and Tinkey heard the wolf calling: "Little pigs, little pigs, let me come in!"
> "No, no, by the hair of our chinny chin chin, we will not let you in. You are the big, bad wolf!"
> "Then I'll huff, and I'll puff, and I'll blow your house down!"
> And the wolf huffed, and puffed, and blew the house of sticks down. But the two little pigs ran quickly to their brother Pinkey.
> The third night the wolf went to the house of bricks: "Little pigs, little pigs, let me come in!"
> "No, no, by the hair of our chinny chin chin, we will not let you in. You are the big, bad wolf." "Then I'll huff, and I'll puff, and I'll blow your house down!"
> And the wolf huffed and puffed but he could not blow the house down. "Then I'll climb down the chimney!" he said.
> But the little pigs put a big pot of water on the fire. And when the wolf came down the chimney, he fell in the hot water with a splash! And that was his end! The three little pigs danced with joy.

60 61 Once upon a time

⇨ Anschließend fasst L das Märchen in kurzen Sätzen zusammen, z. B.:
The three pigs go into the world.
Inkey builds a house of straw. Tinkey builds a house of sticks. Pinkey builds a house of bricks.
The first night the wolf blows the house of straw down and Inkey runs to his brother Tinkey.
The second night the wolf blows the house of sticks down and Inkey and Tinkey run to their brother Pinkey.
In the third night the wolf tries to blow the house of bricks down.
But it doesn't work!
So the wolf climbs down the chimney.
The three pigs put a big pot of water on the fire.
So the wolf falls right into the hot water. That's his end!

⇨ L teilt die Kinder ein in *little pigs, mother, farmers, workman* und *wolf*.
Während L die Geschichte noch einmal vorliest, stehen die genannten Personen jedes Mal kurz auf, wenn ihr Name fällt.
Alternative:
K sprechen selbstständig einige (sich stets wiederholende) Sätze, z. B.: *Good morning, may I have ..., please? – I want to build a strong, safe house. – Of course, here you are! – Little pig, little pig, let me come in!* ... Dazu zeigt L an den jeweiligen Stellen auf die entsprechenden Kinder.

⇨ L stellt Fragen zum Märchen, z. B.:
How many children had Mother Pig?/Who likes to eat little pigs?/Who built a house of sticks?/ What were the three houses made from?/Who carried a load of bricks?/Has Pinkey's house got a chimney?/To which house did the wolf go in the first night?/What did the wolf call, when he wanted to get into the houses?/Could the wolf blow the house of bricks down?/What did the little pigs do, when the wolf climbed down the chimney?/What was in the big pot?/What did the little pigs do, when the wolf fell into the hot water?

Arbeitsblatt (L: *Read and write the numbers to the sentences.*)
K lesen die Sätze und nummerieren sie in der richtigen Reihenfolge.

Lied: Five Brown Teddies (CD 1)

⇨ K entwickeln ein kurzes **Theaterstück** zum Märchen.
Die Rollen werden verteilt und die Sprechtexte festgelegt.
L oder ein Kind übernimmt die Rolle des Erzählers.

K können dazu im Kunstunterricht Masken und das Bühnenbild gestalten.
Bühnenbild: 3 Hütten – aus Stroh/Zweigen/Ziegelsteinen, Feuerstelle und großer Kessel

Um die Schweinchen voneinander zu unterscheiden, bietet es sich an, sie mit Kappe, Halstuch und Rucksack auszustatten.

Vorschlag für die Sprechtexte:
Storyteller: *Here you see the story of the three little pigs.*
1. pig: *I am Inkey.*
2. pig: *I am Tinkey.*
3. pig: *And I am Pinkey.*
All 3 pigs: *Dear mother, we want to go away and build homes of our own.*
Mother: *That's a good idea. But watch out for the big, bad wolf! He likes to eat little pigs.*
Storyteller: *So the pigs go off. They meet a farmer, who carries some straw.*
1. pig: *Good morning, farmer, may I have the straw, please? I want to build a house.*
1. farmer: *Of course, here you are.*

Once upon a time

Storyteller:	And so Inkey builds a house of straw. Some time later Tinkey and Pinkey meet a farmer, who carries some sticks.
2. pig:	Good morning, farmer, may I have the sticks, please? I want to build a house.
2. farmer:	Of course, here you are.
Storyteller:	And so Tinkey builds a house of sticks. Some time later Pinkey meets a workman, who carries some bricks.
3. pig:	Good morning, workman, may I have the bricks, please? I want to build a house.
Workman:	Of course, here you are.
Storyteller:	And so Pinkey builds a house of bricks.
	The first night the big, bad wolf goes to the house of straw.
Wolf:	Little pig, little pig, let me come in!
1. pig:	No, no, by the hair of my chinny chin chin, I'll not let you in! You are the big, bad wolf!
Wolf:	Then I'll huff, and I'll puff, and I'll blow your house down!
Storyteller:	And so he did. He huffs, and puffs, and blows the house of straw down. But the little pig runs to his brother.
	The next night the wolf goes to the house of sticks.
Wolf:	Little pigs, little pigs, let me come in!
1. and 2. pig:	No, no, by the hair of our chinny chin chin, we'll not let you in! You are the big, bad wolf!
Wolf:	Then I'll huff, and I'll puff, and I'll blow your house down!
Storyteller:	And so he did. He huffs, and puffs, and blows the house of sticks down. But the little pigs run to their brother.
	The third night the wolf goes to the house of bricks.
Wolf:	Little pigs, little pigs, let me come in!
All 3 pigs:	No, no, by the hair of our chinny chin chin, we'll not let you in! You are the big, bad wolf!
Wolf:	Then I'll huff, and I'll puff, and I'll blow your house down!
Storyteller:	And so he tries. But the house was too strong!
Wolf:	Then I'll climb down the chimney!
Storyteller:	So the wolf climbs through the chimney. But the three little pigs put a big pot of water on the fire. And so the wolf falls right into the hot water. The three little pigs dance with joy. They are very happy now!

Lied: In and out and Round the House (CD 2)

60/61 Arbeitsblatt Name:

◯ In the first night the wolf blows the house of straw down.

◯ Inkey builds a little house of straw.

◯ Tinkey builds a little house of sticks.

◯ In the third night the wolf climbs down the chimney.

◯ Pinkey builds a little house of bricks.

◯ He falls into a big pot of hot water and the three little pigs dance.

◯ In the second night he blows the house of sticks down.

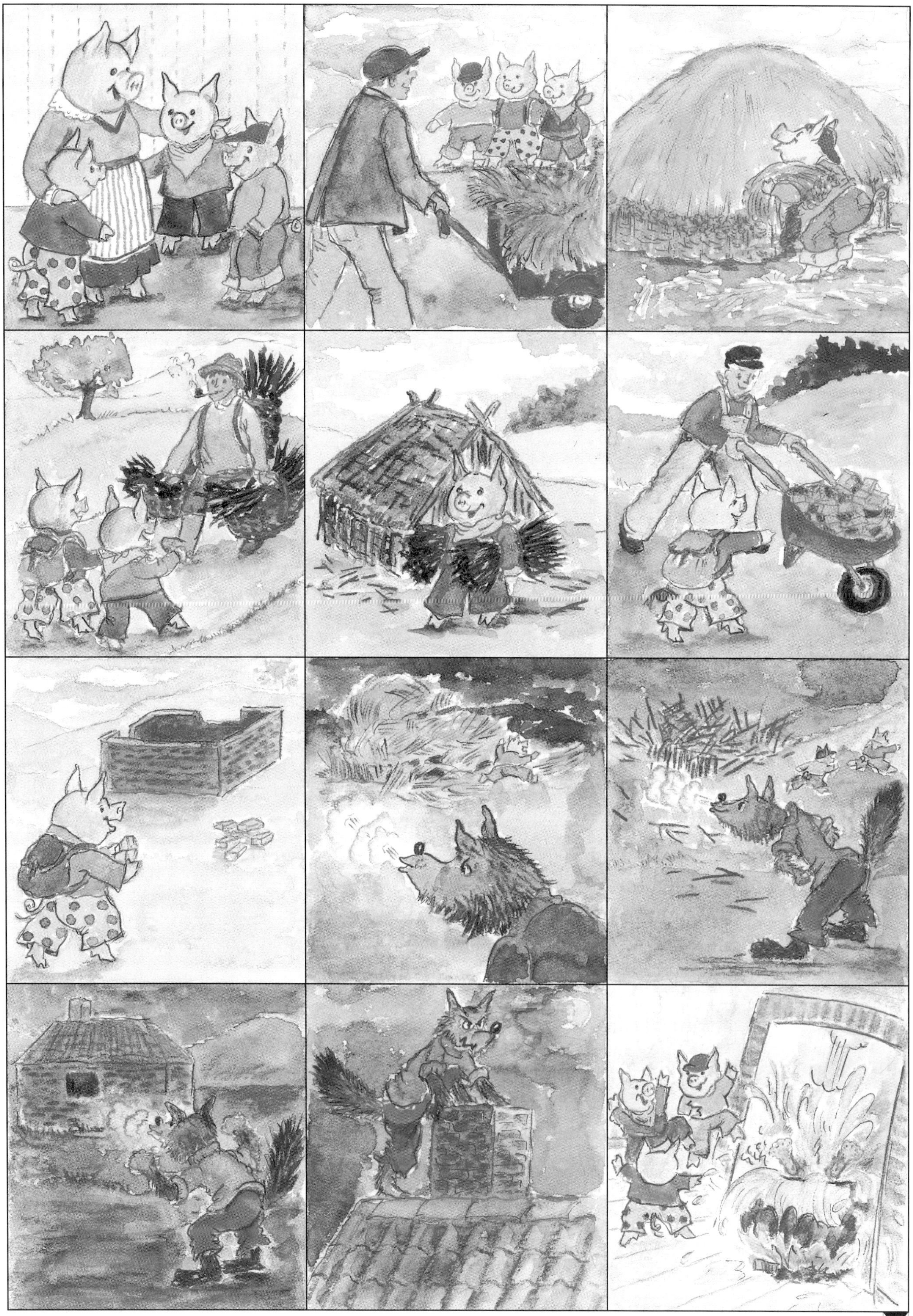

62 Food and drinks

Thema — **In a restaurant**

Material — Handpuppe, Tablett, Servietten, Wurst, Reis, Karteikarten, Arbeitsblatt 1, Arbeitsblatt 2, Stifte, Wörterliste

Ablauf

> **Wörter/Sätze**
>
> *sausage, rice; It was delicious; Would you like some more ...?; What would you like?; What do you like best?; Was it good?; fish, chips, tomato soup/sauce, bread, meat, pizza, salad, spaghetti, hamburger, potatoes, cheese, ham, beans, cake, water, orange juice, lemonade, tea, coffee, ice-cream*

Lied: Polly, Put the Kettle On (CD 1)

Tafelbild: RESTAURANT, MENU (beschriftet mit):
fish and chips, meat and chips, salad, spaghetti with tomato sauce, hamburger, tomato soup, sausages and potatoes, pizza, bread and cheese, bread and ham, beans and rice, cake, water, coke, orange juice, lemonade, tea, coffee, ice-cream.

⇨ Anhand von Realien führt L die neuen Vokabeln ein: *rice, sausage.*
Anschließend lesen L und K gemeinsam die Speisekarte.

⇨ K schreiben auf die Karteikarten jeweils eine Speise/ein Getränk (so dass alles vorhanden ist). L sammelt die Karten ein und legt sie auf ein Tablett.

Spiel: In the Restaurant
L legt eine Serviette über den Arm und nimmt das Tablett: *Now we are in a restaurant. I am the waiter.* L geht von Kind zu Kind und fragt: *What would you like?* K nennen ihre Wünsche.
L gibt ihnen daraufhin die entsprechende Karteikarte: *Here you are.*
Wenn alle etwas bestellt haben, geht L herum und fragt: *Is it good?* – K: *Yes, it is delicious.*
Dann fragt L: *Would you like some more ...?* – K: *Yes, please./No, thanks.*

Gruppenarbeit (4–5 K)
K sitzen als Gäste an Tischen. Ein Kind bekommt die Serviette und spielt den Kellner. Die „Gäste" geben ihre Bestellungen auf und der „Kellner" bringt pantomimisch das Essen. Anschließend fragt er: *Was it good?* usw. (H hilft, wenn es nötig ist.)

⇨ Die Karten werden neu verteilt. K fragen sich gegenseitig: *What are you eating?/Do you like ...?*

⇨ L: *Look at the menu. What do you like best, (Jimmy)?* – H: *I like fish and chips best.*
L fragt K nach ihren Lieblingsspeisen, K fragen sich gegenseitig.

Arbeitsblatt 1 (L: *What do they say? Write the matching sentences into the balloons.*)
L und K lesen gemeinsam. K schreiben die passenden Sätze in die Sprechblasen.

Arbeitsblatt 2 (L: *Go around and interview your class-mates.*)
K fragen sich gegenseitig: *What do you like best?* Sie tragen die Namen ihrer Klassenkameraden in die Tabelle ein.

62 — Arbeitsblatt 1 — Name:

What do they say?

Was it good? – Would you like some more chips? – No, thanks.
Hello, what would you like? – Yes, it was delicious! –
I would like fish and chips.

62   Arbeitsblatt 2   Name:

What do you like best?

food	names
fish	
chips	
cheese	
meat	
pizza	
sausages	
rice	
beans	
salad	
spaghetti	

63 At school

Thema: Numbers

Material: Handpuppe, CD-Player mit neutraler Musik-CD, Number cards (s. Material), Arbeitsblatt, Stifte, Wörterliste

Wörter/Sätze: *one hundred and ten ..., numbers (1–1000), plus, minus, makes; Is it more/less than ...?*

Ablauf

Gedicht: One Little, Two Little, Three Little Witches (CD 1)

⇨ L wiederholt die Zahlen bis 100: *Let us count from one to thirty!; Who counts from forty to sixty?* usw.

Spiel: What's My Number? (s. Spiele 4.5)
(Zahlenraum bis 100)

⇨ Alle Kinder bekommen eine Zahlenkarte. Sie gehen damit zur Musik durch den Klassenraum. Wenn die Musik stoppt, fragen sie sich gegenseitig: *Which number have you got?*, und antworten entsprechend.

⇨ L: *I know more numbers: one hundred, two hundred, three hundred ... thousand.*
K nennen die Hunderterzahlen bis 1000.

⇨ K rechnen mit Hunderterzahlen, z. B.: *one hundred plus two hundred, six hundred minus four hundred.*

⇨ Einigen Kindern werden Zahlenkarten am Rücken befestigt. Sie sollen ihre Zahl erraten. Die anderen helfen mit *yes* oder *no*, zum Schluss mit einer einfachen Rechenaufgabe.

Tafelbild: Zahlenstrahlausschnitt von 100 bis 300.

⇨ L zeigt auf 110, 120, 130 ... 210, 220 ... und benennt die Zahlen.
K spechen jeweils nach.

⇨ L schreibt Zahlen an die Tafel: 150, 250, 350 ... 950/170, 270, 370 ... 970 und benennt sie.
K sprechen jeweils nach.

Spiel: What's My Number? (s. Spiele 4.5)
(Zahlenraum bis 1000, z. B.: 280, 460)
Als Hilfe wird eine Tabelle an die Tafel gezeichnet. Auf einer Seite steht *less than*, auf der anderen Seite *more than*. K fragen: *Is it more/less than ...?* Die entsprechenden Zahlen werden jeweils in die Tabelle eingetragen.

Arbeitsblatt (L: *Let's read. Match the numbers with the words.*)
L und K lesen gemeinsam. K verbinden die Zahlen mit den Zahlwörtern.

Lied: Ten Little Indians (CD 1)

63 Arbeitsblatt Name:

Match the numbers with the words.

450
930
370
520
150
1000
210
860
780
640

one hundred and fifty
nine hundred and thirty
four hundred and fifty
seven hundred and eighty
three hundred and seventy
eight hundred and sixty
five hundred and twenty
six hundred and forty
two hundred and ten
one thousand

63 | **Material: Number cards**

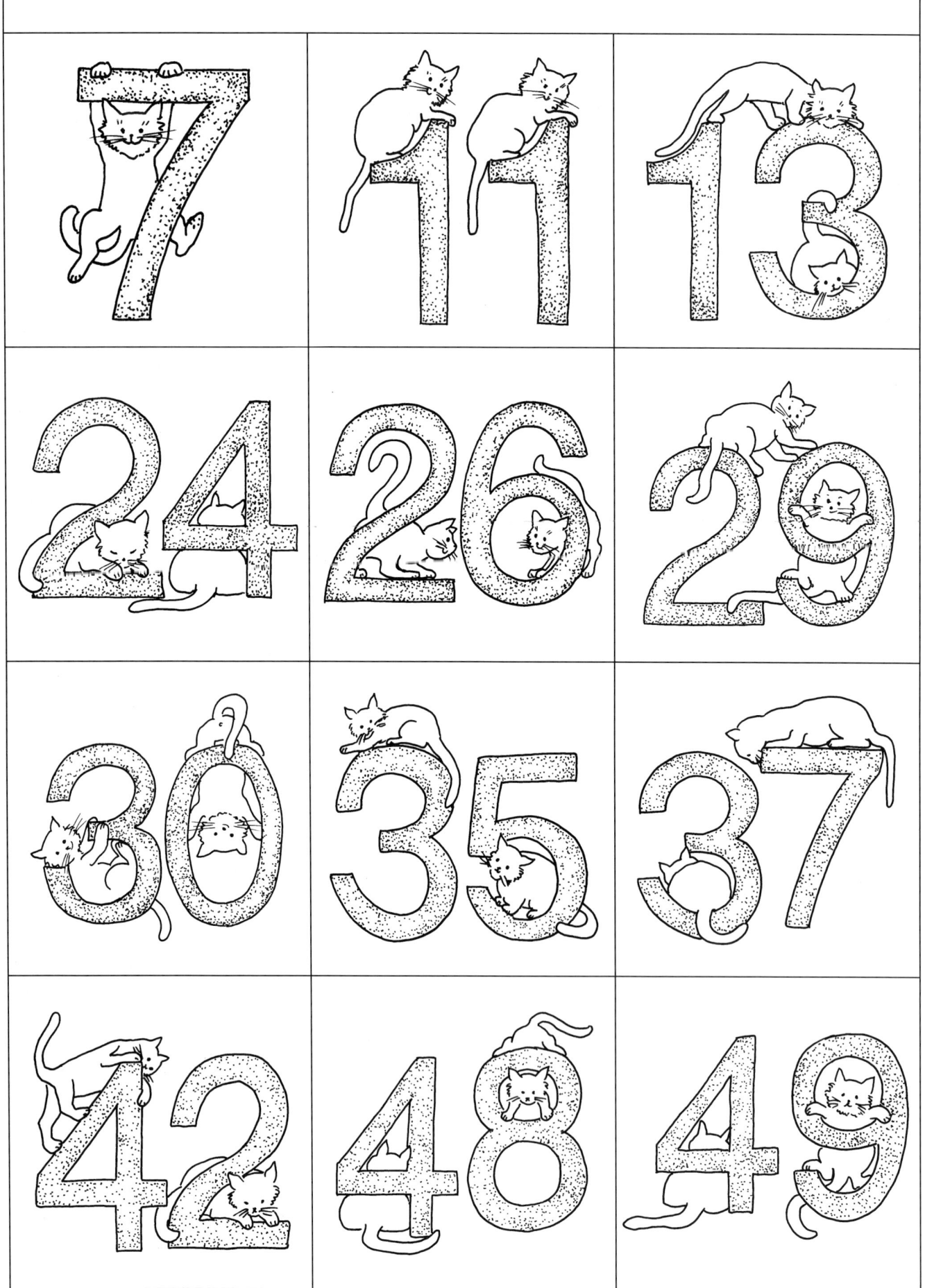

7	11	13
24	26	29
30	35	37
42	48	49

63 — Material: Number cards

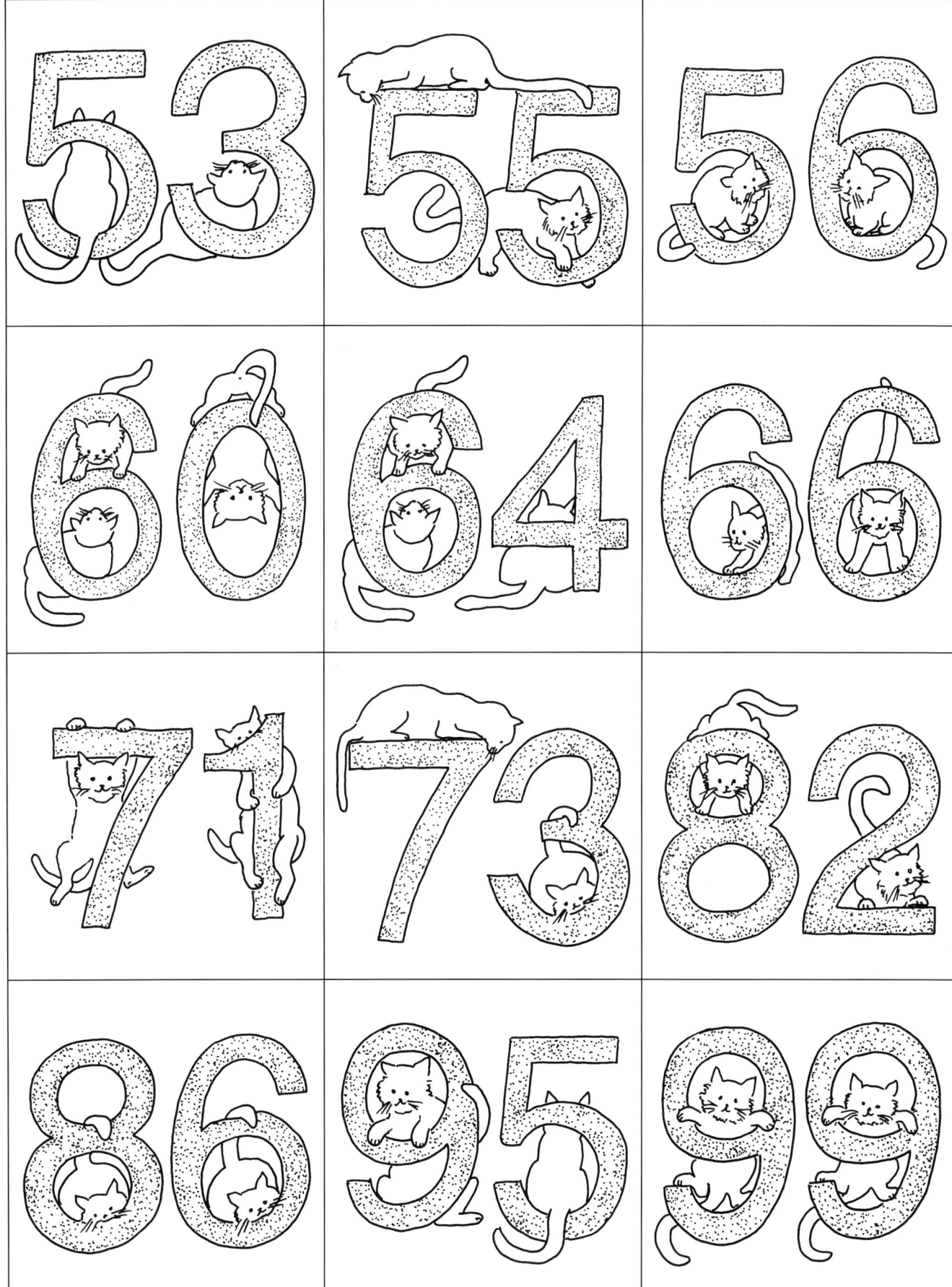

64 Throughout the year

Thema **Activities/Summer in the garden**

Material Handpuppe, Zeichenpapier, OHP, Folie vom Arbeitsblatt, CD-Player mit CD 2, Arbeitsblatt, Stifte, Wörterliste

> **Wörter/Sätze**
>
> *mowing the grass, watering the flowers,* lying, feeding, picking, running, climbing, swimming, playing, tree, dog, cat, fish; What am I doing?; I would like to ...

Ablauf

Lied: In and out and Round the House (CD 2)

⇨ L: *It is summer. The weather is fine. You and your friends are in the garden. What would you like to do there? Please, draw a picture!*
K malen ihre Sommerbilder mit Buntstiften.
Anschließend werden die Bilder im Klassenraum aufgehängt.

⇨ L und K sprechen über die Bilder, sie benennen die abgebildeten Personen, Gegenstände und Tätigkeiten (z. B.: *lying in the sun, playing with the dog/cat, climbing a tree, picking flowers, watering the flowers, mowing the grass, feeding the fish, running round the trees*).

⇨ L zeigt die **Folie vom Arbeitsblatt** und stellt Fragen zu einzelnen Abbildungen, z. B.: *What is the girl doing?/Is the boy playing with a dog?*
H bzw. K antwortet.

⇨ L zeigt auf drei Bilder und nennt zwei abgebildete Tätigkeiten richtig und eine falsch.
K sollen den falschen Satz erkennen und richtig stellen.

Pantomimespiel
K stellen Tätigkeiten pantomimisch dar und fragen: *What am I doing?*
Die anderen versuchen die Tätigkeit zu erraten.

Spiel: Chain-Game
Beispiel: *I would like to swim. I would like to swim and to mow the grass.* usw.

Arbeitsblatt (L: *Let's read. Fill in the right words.*)
L und K lesen gemeinsam. K setzen die fehlenden Wörter ein.

L führt ein neues Gedicht ein: **15. Summer Days** (s. Tipps, S. 11).
*I'm looking for a hot spot. / A what spot?/A hot spot.
I'm looking for a hot spot / To lie out in the sun.
I'm looking for a hot spot / To play and have some fun.
I'm looking for a hot spot / To hit a ball and run.
I'm looking for a hot spot. / A what spot?/A hot spot.
I'm looking for a hot spot / Now summer has begun.*
(Anne English)

Lied: I Sent a Letter to My Love (CD 1)

64 Arbeitsblatt (Folie) Name: _____

Look at the pictures and fill in the right words.

running   lying   playing   climbing   mowing
feeding   picking   watering

1. Jill is _____ in the sun.

2. Tom is _____ with the cat.

3. Lucy is _____ a tree.

4. Fred is _____ flowers.

5. Dad is _____ the flowers.

6. Mum is _____ the grass.

7. Grandma is _____ the fish.

8. Blacky is _____ round the trees.

Our world

Thema: **Anglophone countries of the world**

Material: Handpuppe, große Weltkarte, Atlanten, entsprechendes Buch- und Bildmaterial, Word cards: anglophone countries (s. Material), Stifte, Wörterliste

Ablauf

Wörter/Sätze

United States of America (USA), Canada, Australia, New Zealand, South-Africa, India, Malta, Ireland, capital, American, Canadian, Australian, New Zealander, South African, Indian, Irish, Great Britain, British

Lied: Michael, Row the Boat Ashore (CD 2)

⇨ L hängt die Weltkarte auf: *Let's have a look at the countries of the world!*
K zeigen und benennen die Länder, die sie kennen.

⇨ L: *Now let us think about the countries in which people speak English!*
K nennen die Länder, die sie kennen.

⇨ L schreibt die Ländernamen an die Tafel und nennt evtl. weitere englischsprachige Länder.
(Hier einige Beispiele: *Bahamas, Gambia, Ghana, Jamaica, Liberia, Mauritius, Namibia, Zambia, Zimbabwe, Tanzania, Uganda*.)
L verweist darauf, dass in einigen Ländern auch mehrere Sprachen gesprochen werden (s. 6.2 Kurzinformationen zu englischsprachigen Ländern).

Spiel: Change Places!
Die Kinder sitzen im Stuhlkreis. Jedes bekommt eine Wortkarte und prägt sich z. B. „seine" Nationalität ein.
Nun ruft der Spielleiter: *(Americans) and (Indians) change places!* (Achtung: Bei *British* und *Irish* auf den Artikel achten: *the British, the Irish!*)
Daraufhin wechseln die Kinder mit den entsprechenden Karten ihre Plätze.
Wenn der Spielleiter ruft: *All nationalities change places!*, springen alle Kinder auf und suchen sich einen neuen Platz.
Noch reizvoller wird das Spiel, wenn ein Stuhl weniger als Kinder vorhanden ist. Dann bleibt immer ein Spieler übrig. Er gibt den Befehl zum nächsten Wechsel.

⇨ K suchen mit Hilfe von Atlas oder Weltkarte die Hauptstädte *(capitals)* zu den acht Ländern und schreiben sie auf.

Gruppenarbeit (4–6 K)
Jede Gruppe zieht eine Wortkarte. Mit Hilfe von Büchern, Atlanten o. Ä. informieren sich die Kinder über ihr Land und schreiben einige Sätze dazu.

⇨ K sitzen im Stuhlkreis und stellen die Ergebnisse der Gruppenarbeit vor.

L bittet K, in den nächsten Tagen und Wochen Bilder und Texte zu diesen Ländern zu sammeln, die dann an den Wänden des Klassenraumes aufgehängt werden.

Lied: He's Got the Whole World (CD 2)

Material: Word cards – anglophone countries

Great Britain **(British)**	**United States of America** **(American)**
Canada **(Canadian)**	**Australia** **(Australian)**
Ireland **(Irish)**	**New Zealand** **(New Zealander)**
India **(Indian)**	**South Africa** **(South African)**

66 Once upon a time

Thema | **Fairytale: The Elephant and the Mouse**

Material Handpuppe, OHP, Folie 10, Picture cards: animals (s. Material, 41.–43. Stunde, S. 22), Picture cards: farm animals (s. Englisch – Klasse 3, Bd. 2, S. 136), Arbeitsblatt, Stifte, Wörterliste

Ablauf

> **Wörter/Sätze**
>
> *huge, tiny, gnawing, to be (more) careful, to be trapped, tail, hunter, net, free, future,* to help, forest, elephant, mouse; I'm so sorry!; animals …

Lied: One Little Elephant (CD 1)

⇨ L wiederholt anhand der Bildkarten die Tiere.

Pantomimespiel
K stellen nacheinander pantomimisch Tiere dar.
Die anderen sollen die Tiere erraten.

Spiel: Animals
Jedes Kind bekommt eine Bildkarte. Sie gehen zur Musik durch den Klassenraum. Wenn die Musik stoppt, fragen sie sich gegenseitig: *Are you a (tiger)?* Sie antworten entsprechend ihren Bildkarten. Wer richtig geraten hat, bekommt die Karte. Wer am Ende die meisten Karten hat, ist Sieger.

Spiel: Two Corners Game (s. Spiele 4.7)
(mit Bildkarten)
Zwei Ecken des Spielfeldes werden mit *zoo* und *farm* beschriftet.

Arbeitsblatt – evtl. als Hausaufgabe – (L: *Fill in the names of the matching animals.*)
K tragen die Tiere in die entsprechenden Spalten der Tabelle ein.

L zeigt **Folie 10** und erzählt die **Fabel: The Elephant and the Mouse** (nach Äsop).

> *Once there was a huge elephant who lived in a big forest.*
> *One morning, when he was trampling through the forest, he heard a tiny voice.*
> *"Dear elephant", said the tiny voice, "please, be careful! You are standing on my tail."*
> *The elephant looked down and there he saw a little mouse.*
> *"Oh, I'm so sorry", he said, "I'll be more careful in the future."*
> *Since that day, the elephant made sure that he was not stepping on a tiny animal.*
> *He was even so careful, that he didn't notice the hunters looking for him. And so he was trapped in the hunters' net. He was very sad and hopeless.*
> *As he sat there he heard a tiny voice: "Dear elephant. Don't be so sad! I can help you."*
> *When the elephant looked down he saw the little mouse, gnawing the net.*
> *After a short time he was free. They both were happy – the elephant and the mouse.*
> *The moral of this story: If you help other people, they will help you!*

⇨ L wiederholt die Fabel und führt dabei die neuen Vokabeln ein.
L stellt Fragen zur Fabel, z. B.: *Where does the story play?/Which animals meet there?/ Why does the mouse talk to the elephant?* – K antworten entsprechend.

Lied: Kookaburra (CD 2)

66 Arbeitsblatt Name:

sheep	elephant	hen	horse
goose	cow	camel	lion
tiger	bear	pig	dog
goat	crocodile	hippo	duck

animals in the zoo	animals on the farm

FOLIE 10

67 Food and drinks

Thema **Cooking (potato soup)**

Material Handpuppe, Korb mit Kartoffeln, Zwiebeln, Möhren, Öl, Speck und Petersilie, Arbeitsblatt, Stifte, Wörterliste

Wörter/Sätze
sink, fridge, bacon, oil, parsley, to cut, to wash the dishes, to lay the table, to peel (the potatoes), every Tuesday, to clean the floor, onion, carrot, salt, pepper, water, pot, cooker, soup, to cook

Ablauf

⇨ **Lied: Polly, Put the Kettle On** (CD 1)

⇨ L und K gehen in die Schulküche.
L wiederholt die bekannten Vokabeln:
cooker, cupboard, chair, table, pot.

⇨ Anschließend führt L die neuen Vokabeln ein:
Look, this is a fridge/sink. K sprechen jeweils nach.

Potato soup
oil, water
5 lb potatoes
3 lb carrots
1 lb bacon
1/2 lb onions
3 bunches of parsley
salt and pepper

⇨ L: *Yesterday I was on the market and I bought a lot of things. Look here!* L packt den Korb aus.
K benennen die bekannten Lebensmittel.
L führt die neuen Lebensmittel ein: *bacon, oil, parsley.*

⇨ L: *Let us cook a potato soup today!*
Dazu teilt L die Klasse in Gruppen zu je drei Kindern ein.
L teilt K die Aufgaben zu: *Cut the carrots/peel the potatoes and cut them into pieces/cut the onions/cut the bacon/put the oil into the pot, put the onions, the potatoes and the carrots into the pot/ put the water into the pot/cut the parsley and put it into the soup/ lay the table!*

⇨ K benennen ihre jeweiligen Tätigkeiten: *We are cutting the carrots.* usw.

Wenn alle am gedeckten Tisch sitzen, sagt L: *And now let us eat the potato soup. Enjoy your meal!*

⇨ Nach dem gemeinsamen Essen sagt L: *Now we clean up the kitchen.*
Dazu teilt L wieder K ihre Aufgaben zu: *Wash the dishes/clean the floor ...!*

⇨ K benennen dabei wieder ihre Tätigkeiten.

L führt ein neues Gedicht ein: 16. Porridge Is Bubbling (s. Tipps, S. 11).
Porridge is bubbling, / Bubbling hot, / Stir it round / And round in the pot. The bubbles plip! / The bubbles plop! / It's ready to eat / All bubbling hot.
(Anon)

Arbeitsblatt – evtl. als Hausaufgabe – (L: *What do they do every Tuesday? Make sentences.*)
K bilden Sätze und schreiben sie neben die entsprechenden Abbildungen.

Lied: In and out and Round the House (CD 2)

67 Arbeitsblatt Name: _____

What do they do every Tuesday? Make sentences.

he / she

cuts
washes
cleans
lays
peels

the potatoes
the floor
the table
the dishes
the bacon

Every Tuesday

he _____

Every Tuesday

_____

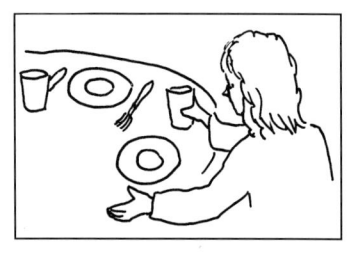

Every Tuesday

_____

Every Tuesday

_____

Every Tuesday

_____

68 Leisure time

Thema | **Sightseeing in London (Teil 1)/Vehicles**

Material | Handpuppe, Englandkarte, Kappe, Regenschirm, OHP, Folie 11, Word cards: London (s. Material), Karteikarten, Stifte, Wörterliste

> **Wörter/Sätze**
>
> *Tower Bridge, Tower of London, Saint Paul's Cathedral, National Gallery, Trafalgar Square, tourist, guide,* bus driver, bus, taxi driver, car, ship, plane, train

Ablauf

🎵 **Lied: The Wheels on the Bus** (CD 2)

⇨ L zeigt London auf der **Englandkarte**: *Here is London. You know already that it is the capital of Great Britain. London lies on the river Thames not too far from the sea.*
L berichtet weiter auf Deutsch: London wurde schon von den Kelten bewohnt und hieß damals (vor ca. 2000 Jahren) Llyn-Din (Seefestung). Die Römer (43–418) nannten die Stadt Londinium.
Im 11. Jahrhundert kamen die Normannen unter Wilhelm dem Eroberer dorthin. London wurde allmählich immer größer.

⇨ L zeigt **Folie 11**: *Today let's make an interesting bus tour of London. We go by bus through this huge town and we'll see a lot of things.*
L zeigt auf den Bus: *Here is the bus. Get in!*

⇨ L setzt die Kappe auf und zeigt auf sich selbst: Ich bin der Stadtführer. Ich zeige euch all die wichtigen Sehenswürdigkeiten in London!

⇨ L (ohne Kappe): *And here is our first stop. We simply must have a look at the river Thames and at Tower Bridge. Listen, what the guide tells us about the **Thames** and **Tower Bridge**.*
(Bei dem Wort **Thames** darauf achten, dass das th wie t und das a nicht als Diphthong gesprochen wird.)

⇨ L setzt sich die Kappe auf und zeigt mit dem Regenschirm auf die entsprechenden Sehenswürdigkeiten (auf der Folie):
Die **Themse** fließt durch London. Die Londoner legten hier einen großen Hafen an, der jetzt aber nicht mehr in dieser Größe existiert, sondern zu einem Wohngebiet umgebaut worden ist. Ebbe und Flut sind auf der Themse bis nach London hin deutlich zu spüren. Hoch- und Niedrigwasser wechseln sich hier etwa alle 6 Stunden ab.
Die **Tower Bridge** wurde zwischen 1886 und 1894 gebaut. Sie besteht aus zwei mit neugotischen Türmen geschmückten Zugbrücken, die in 90 Sekunden geöffnet werden können, wenn große Schiffe hindurchfahren wollen.

⇨ L (ohne Kappe): *From Tower Bridge you can walk some steps to **Tower of London**. Can you see it already?*

⇨ L setzt wieder die Kappe auf und zeigt auf den Tower: Der älteste Teil des **Towers** ist der weiße Turm, der von Wilhelm dem Eroberer im 11. Jahrhundert auf einer römischen Niederlassung errichtet worden ist. Später kamen ein inneres Gebäude mit 13 Türmen und eine äußere Mauer mit weiteren sechs Türmen dazu. Früher wurde die Mauer von Wassergräben umgeben.
Der Tower diente den Königen als Residenz, aber auch als Gefängnis. Viele berühmte Gefangene wurden hier eingesperrt und sogar hingerichtet.
Heute bewahrt man im Tower die Kronjuwelen auf und andere wichtige Zeugnisse der englischen Geschichte.
Zahlreiche Raben leben in seinen Mauern. Sie werden geschützt, weil eine Legende besagt, dass die Monarchie zusammenbricht, wenn sie eines Tages verschwinden.

⇨ L (ohne Kappe): *Let's go on to a big famous church.*

68 Leisure time

⇨ L setzt die Kappe wieder auf und zeigt auf **Saint Paul's Cathedral**: Die Kathedrale wurde 1675 neu erbaut, nachdem die vorherige bei dem großen Londoner Brand im Jahre 1666 völlig zerstört worden war. Hier befindet sich das geographische Zentrum von London.
Nun fahren wir an der **National Gallery** vorbei. Das ist ein berühmtes Gemäldemuseum. Es besitzt wertvolle Sammlungen europäischer Malerei. Es steht am **Trafalgar Square**.
In der Mitte dieses Platzes befindet sich eine 55 Meter hohe Säule mit einer Statue von *Admiral Lord Nelson*. Er war ein erfolgreicher Admiral auf dem Schiff *H.M.S. Victory*. Die Höhe der Säule entspricht der Länge seines Schiffes, auf dem er 1805 die Schlacht von Trafalgar gegen die spanische Flotte gewonnen hatte. Er selbst ist in Trafalgar gestorben.
Auf dem **Trafalgar Square** findet man immer viele Touristen und noch mehr Tauben.

⇨ L (ohne Kappe): *And now we go to **Saint James Park**, where we can play a little bit.*

Spiel: I Like Coffee, I Like Tea
K sitzen im Stuhlkreis. Der rechte Stuhl neben L ist frei. L ruft: *I like coffee, I like tea, (Susan, Susan), come to me!* Das gerufene Kind setzt sich auf den freien Platz. Nun ruft das Kind, dessen rechter Nachbarstuhl frei geworden ist: *I like coffee, I like tea, …, come to me!*

Spiel: Change Places! (s. Spiele 4.6)
Jedes Kind bekommt eine Rolle zugeteilt (Wortkarten).
L ruft z. B.: *Taxi drivers and tourists change places!*

Tafelbild: *car, train, plane, ship.*
K bekommen die Karteikarten und jeder schreibt eins der Verkehrsmittel darauf. Sie werden als Wortkarten bei dem folgenden Spiel eingesetzt.

Spiel: Four Corners Game
(auf dem Schulhof oder in der Turnhalle)
Die Ecken des Spielfeldes werden z. B. mit *harbour, station, garage* und *airport* beschriftet/beschildert.
Jedes Kind bekommt ein Verkehrsmittel (Wortkarte) zugeteilt.
Der Spielleiter ruft z. B.: *All cars go into the garage!*, und die Autos flitzen schnell in die Garagenecke.
Die „Fahrzeuge" können wieder aus ihren Ecken herauskommen, sodass das Spiel beliebig lange gespielt werden kann.
Das Spiel kann auch als Wettspiel gespielt werden. Dann scheiden jeweils die Kinder aus, die als Letzte in ihrer Ecke angekommen oder in die falsche Ecke gelaufen sind.

Lied: For He's a Jolly Good Fellow (CD 2)

Material: Word cards – London

taxi driver	taxi driver
underground driver	underground driver
tourist	tourist
bus driver	bus driver
guide	guide

FOLIE 11

69 Leisure time

Thema | **Sightseeing in London (Teil 2)**

Material Handpuppe, OHP, Folie 11, CD-Player mit CD 2, neutrale Musik-CD, CD 1, evtl. Xylophon, evtl. Liederblatt, Materialblätter: Spiel – A Bus Tour of London, Kappe, Regenschirm, Postkarten oder Fotos von London, Würfel, Spielfiguren, Stifte, Klebstoff, Wörterliste

> **Wörter/Sätze**
>
> **Buckingham Palace, Houses of Parliament, Big Ben,** Thames, Tower, Tower Bridge, Saint Paul's Cathedral, National Gallery, Trafalgar Square, capital, Great Britain

Ablauf

Lied: The Wheels on the Bus (CD 2)

⇨ L zeigt **Folie 11**: *You remember what we saw the last time? Look, this is the river Thames/Tower Bridge/Tower/Saint Paul's Cathedral/National Gallery/Trafalgar Square. What is it?*
K antworten entsprechend.
L: *Then we played a little bit in Saint James Park. And now we go from this park to our next point, only some steps away, to Buckingham Palace. And look, there is our guide again. Let's listen to him!*

⇨ L setzt die Kappe auf und nimmt den Regenschirm in die Hand: Hallo, Kinder!
K: Hallo!
L zeigt mit dem Schirm auf den Buckingham Palast: Der **Buckingham Palast** ist seit der Regierungszeit von Königin Victoria der Wohnsitz der königlichen Familie. Bei Anwesenheit von Queen Elizabeth weht auf dem Palast die königliche Fahne. Hier ist es besonders interessant, die Wachablösung zu beobachten.

⇨ L (ohne Kappe): *Hello, children, let's sit down again in our bus and go back to the Thames and to* **Houses of Parliament**. *Let's listen to the guide again.*

⇨ L (mit Kappe): Das Parlamentsgebäude heißt offiziell **Palace of Westminster**. Es wurde an der Stelle des alten Königspalastes errichtet, der im Jahre 1512 abgebrannt war. 1547 wurde der ehemalige Königssitz der Sitz des Parlaments. 1605 wollten Guy Fawkes und seine Anhänger das Parlament in die Luft sprengen. Man entdeckte den Anschlag jedoch rechtzeitig und Guy Fawkes wurde hingerichtet.
Noch heute werden an jedem 5. November in Gedenken an dieses Ereignis Strohpuppen verbrannt.
Nun kommen wir zum Nordende des Parlamentsgebäudes. Schaut her, hier steht der Glockenturm, benannt nach dem Namen seiner großen Glocke: **Big Ben**. Neben dem *Trafalgar Square* und der *Tower Bridge* ist er wohl das berühmteste Wahrzeichen Londons. Er ist 97,50 m hoch. Die Minutenzeiger auf seinen Uhren sind jeweils vier Meter lang. Die Glocke, *Big Ben*, wiegt 13 Tonnen. Sie läutet jede Viertelstunde.

⇨ L (ohne Kappe): *You remember the melody of Big Ben stroke?*
L spielt den **Big Ben Stroke** (CD 1, 16.) vor.

⇨ Evtl. spielt L anschließend auf dem Xylophon verschiedene Uhrzeiten vor.
K erraten die Uhrzeiten.

⇨ L: *Now this is the end of our bus tour. We are in our classroom again. But there are some pictures of London to look at.*
L zeigt Postkarten und Fotos von den Sehenswürdigkeiten, möglichst auch andere Bilder aus London: typische Wohnstraßen, Bahnhöfe usw.

69 Leisure time

Spiel: Sightseeing in London
Einige Kinder bekommen Postkarten (Fotos) mit Sehenswürdigkeiten aus London. Die anderen Kinder stellen sich im Kreis auf, die Kinder mit den Karten gehen zur Musik um den Kreis herum. Wenn die Musik stoppt, zeigen die Kinder den anderen ihre Postkarte und sagen: *Look, this is (Saint Paul's Cathedral). You can see it in London. London is the capital of Great Britain.*

⇨ L: *There were several big fires in London which destroyed great parts of the town. The biggest fire was on September 2nd in 1666. It was going on for five days. The following song reminds us of that terrible fire.*

L führt ein neues Lied ein: 30. London's Burning (s. Tipps, S. 11).
(Das Lied kann als Kanon gesungen werden.)

Materialblätter: Spiel – A Bus Tour of London
(L: *Colour both parts of the game and stick them together.*)
K malen die Teile des Spielplans an und kleben sie zusammen.

Gruppenarbeit (3–5 K)
K spielen das Würfelspiel.

Lied: Hot Cross Buns (CD 1)

⇨ L ermuntert K, sich über London weiter zu informieren, Bücher zu lesen, Bilder zu sammeln, Geschichten und Wissenswertes aufzuschreiben ... und das Material in der Klasse vorzustellen.

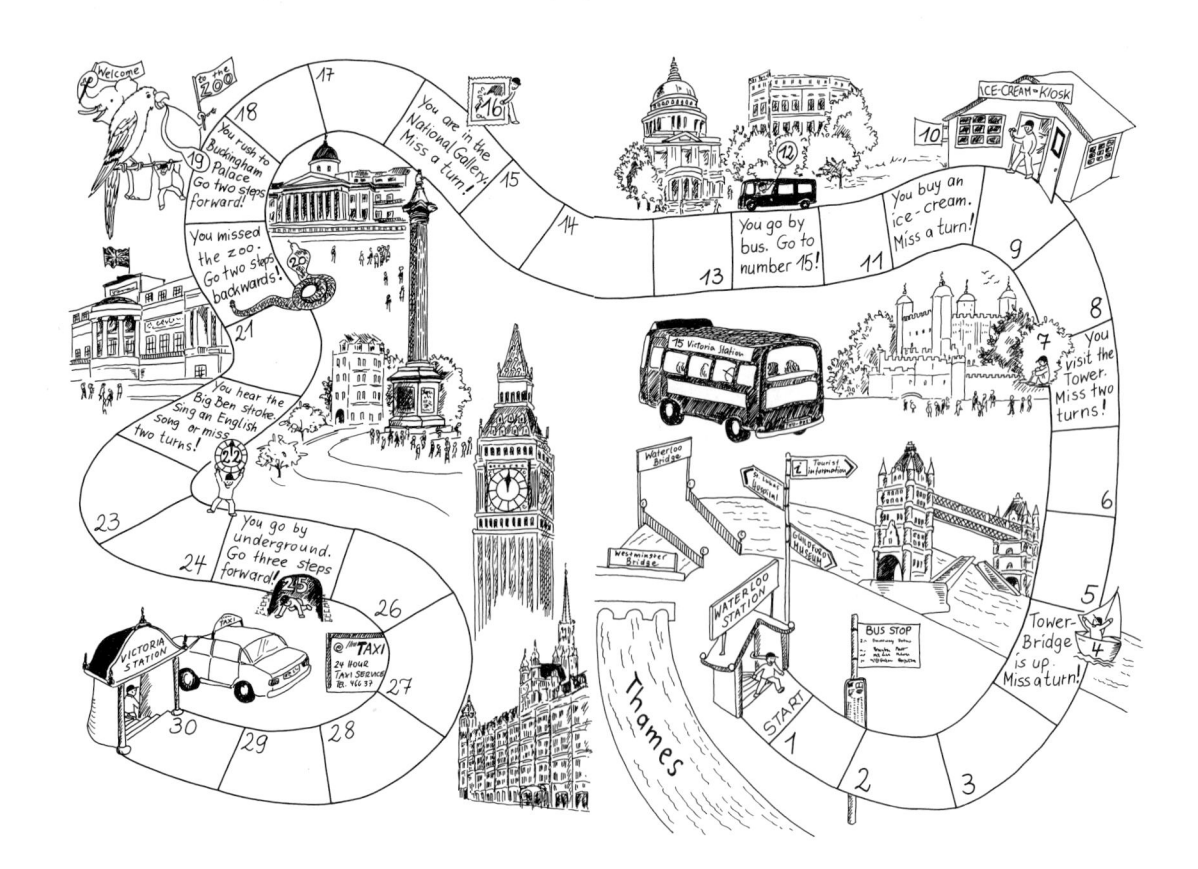

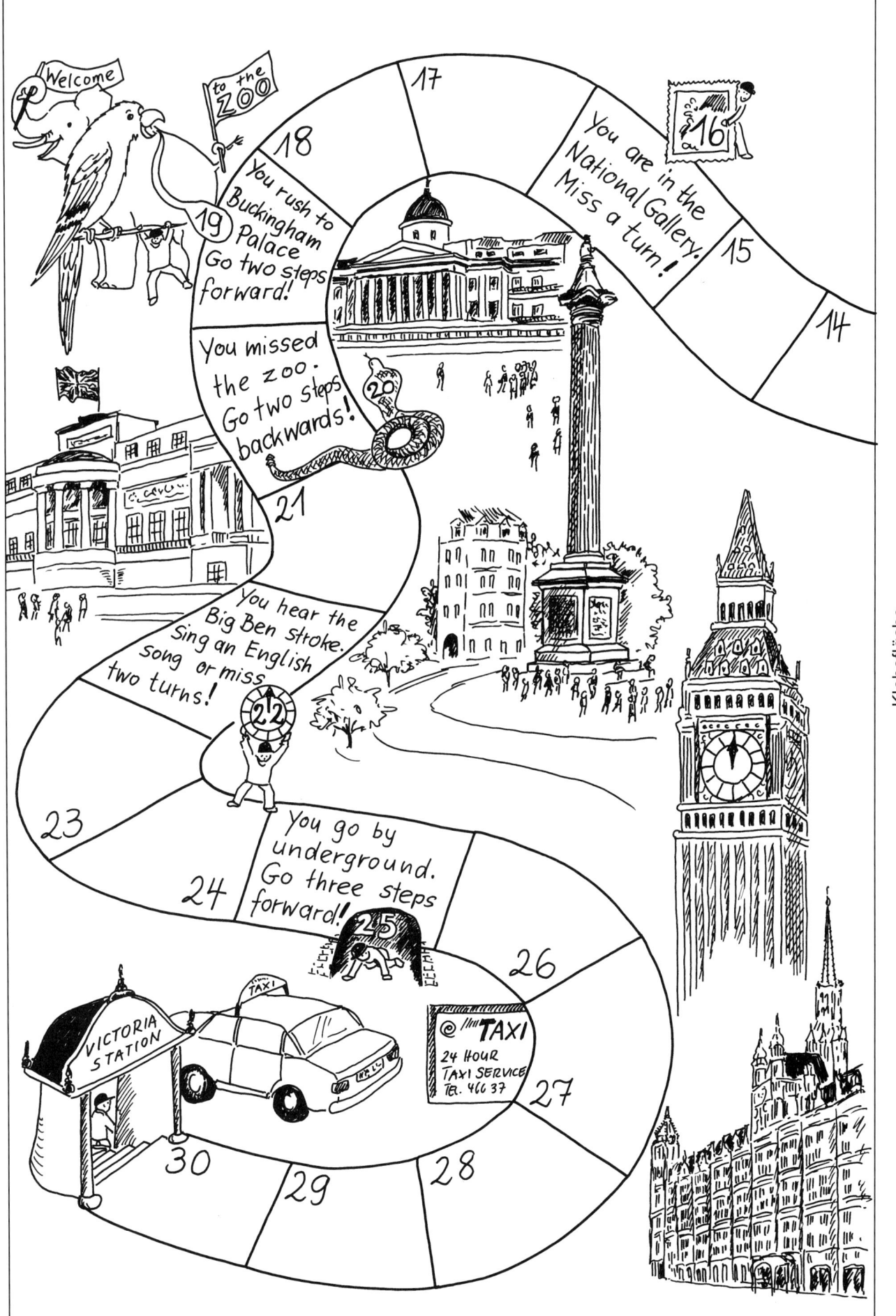

69   Material: Spiel – A Bus Tour of London

- 14
- 15
- **16** You are in the National Gallery. Miss a turn!
- 17
- 18
- **19** You rush to Buckingham Palace. Go two steps forward!
- **20** You missed the zoo. Go two steps backwards!
- 21
- **22** You hear the Big Ben stroke. Sing an English song or miss two turns!
- 23
- **24** You go by underground. Go three steps forward!
- 25
- 26
- 27
- 28
- 29
- 30

69 Material: Spiel – A Bus Tour of London

Board game spaces:

- 1 START
- 2
- 3
- 4 Tower-Bridge is up. Miss a turn!
- 5
- 6
- 7
- 8 You visit the Tower. Miss two turns!
- 9
- 10
- 11 You buy an ice-cream. Miss a turn!
- 12
- 13 You go by bus. Go to number 15!
- 15 Victoria Station

Locations shown: Thames, Waterloo Bridge, Westminster Bridge, Waterloo Station, St. Lukas Hospital, Tourist Information, Guildford Museum, Bus Stop, Ice-Cream-Kiosk

104 KOPIERVORLAGE

Bergedorfer Grundschulpraxis: Englisch – 4. Klasse, Band 2
© Persen Verlag GmbH, Horneburg 2005

Lied: London's Burning

Round trad.

London's burning, London's burning. Fetch the engines, fetch the engines. Fire! Fire! Fire! Fire! Pour on water, pour on water.

Our world

Thema: Asking for the way

Material: Handpuppe, Arbeitsblatt, Stifte, Wörterliste

> **Wörter/Sätze**
>
> *sign; Turn left/right!;*
> *Go straight on!;*
> *Excuse me;* **hotel,**
> **church, hospital,**
> **post office, town hall,**
> **letterbox, swimming**
> **pool,** supermarket,
> school, café, park,
> phone box, station,
> market, pet-shop,
> *on the left/right*

Ablauf

Lied: For He's a Jolly Good Fellow (CD 2)

⇨ H: *Hello, Mr/Mrs ... Can you help me? This afternoon I want to go to the (station). How do I get to the (station)?*
L erklärt den Weg (evtl. mit Tafelskizze).

⇨ L zeichnet an die Tafel Schilder mit Pfeilen (nach links, rechts, geradeaus): *Look, this sign means "turn left". What does it mean, (Susan)?*
(Susan): *It means "turn left".*
L fragt H nach den beiden anderen Schildern.
H: *This sign means "turn right/go straight on".*
K sprechen jeweils nach.

Tafelbild: die nähere Umgebung der Schule mit Besonderheiten wie Kirche, Post, Park, Läden ...
L führt die entsprechenden Vokabeln ein: *This is the church/post office* usw.
K sprechen jeweils nach.

⇨ K fragen sich gegenseitig: *Excuse me, how do I get to ...?* (H hilft, wenn es nötig ist.)

Arbeitsblatt (L: 1. *What do the signs mean? Write the words.*)
K schreiben die entsprechenden Begriffe unter die Abbildungen.

⇨ Auf dem **Arbeitsblatt** schauen sich L und K gemeinsam die Stadtszene an.
Dabei führt L die entsprechenden Vokabeln ein.

⇨ L oder K stellt Fragen zur Abbildung, z. B.: *How do I get to the post office?*
K beschreiben den Weg: *Turn right. Then turn left.* usw. (Ausgangspunkt ist immer die Schule.)

Arbeitsblatt (L: 2. *How do I get to the swimming pool? Draw the way in.*)
K zeichnen den Weg zum Schwimmbad ein.

Partnerarbeit (mit dem Arbeitsblatt)
K 1: *Excuse me, how do I get to the ...?*
K 2 beschreibt den entsprechenden Weg. Danach tauschen K die Rollen.

Lied: The Wheels on the Bus (CD 2)

70 Arbeitsblatt — Name:

1. What do the signs mean? Write the words.

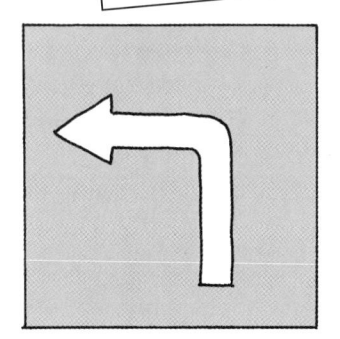

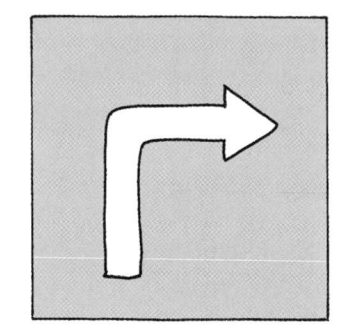

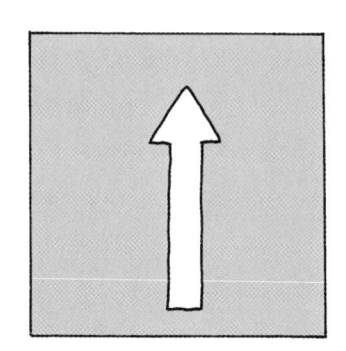

Turn right! Go straight on! Turn left!

2. How do I get to the swimming pool? Draw the way in.

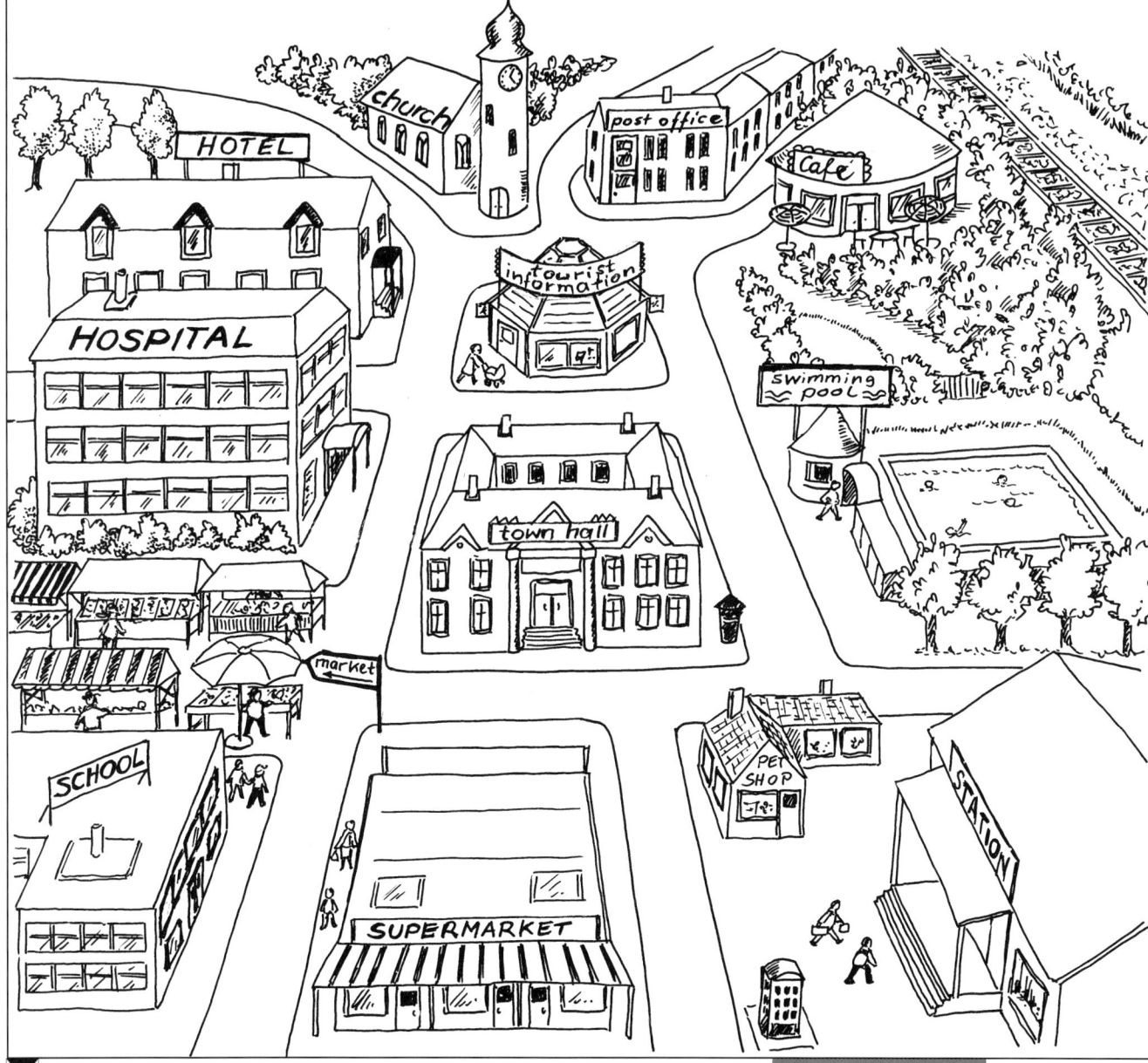

Asking for the way

71 Leisure time

Thema: Activities

Material: Handpuppe, OHP, Folie 12, Arbeitsblatt, Stifte, Wörterliste

> **Wörter/Sätze**
>
> *to have a barbecue,*
> *to go sailing,*
> *to go to the cinema,*
> *most of all, as well;*
> *I/We/They like ...;*
> *to play games,*
> *to go to the swimming pool,*
> *to visit a castle/zoo,*
> *to walk through the wood, Sunday*

Ablauf

Lied: Hokey Cokey (CD 1)

⇨ L zeigt **Folie 12**: *Look, this is the Jones family again: Mr Jones, Mrs Jones, Nancy, and Nick. Above all, the Jones like the Sundays. They always have a lot of plans for that day. Here are some pictures which show you what they are doing then.*
Sometimes they play games/go sailing/have a barbecue/go to the swimming pool/visit a castle/walk through the wood/visit the zoo/ go to the cinema.
What do they sometimes do?
K antworten entsprechend.

⇨ Vier Kinder stellen sich vor die Klasse und repräsentieren die Mitglieder der Jones Familie.
Die anderen fragen sie: *What do you like to do on Sundays?*
Die vier antworten im Plural, z. B.: **We like** *to visit the zoo.*
Nach einer Weile kommen vier andere Kinder nach vorn.

⇨ L zeigt auf Bilder der **Folie** und fragt: *What do the Jones like to do on Sundays?*
H: **They like** *to ...*
K sprechen zunächst nach und antworten dann selbstständig.

⇨ L: *And you, (Susan), do you like to go to the cinema as well?*
(Susan): *Yes, I do./No, I don't.*
K stellen sich gegenseitig Fragen nach demselben Muster.

⇨ L: *What do you like to do on Sundays, (Tom)?*
(Tom): **I like** *to visit the zoo. And you, (Sally), what do you like to do on Sundays?* usw.

⇨ L: *What do you like most of all?*
K: *Most of all I like ...*

Gruppenarbeit (4–6 K)
K fragen sich gegenseitig: *What do you like most of all?,* und antworten entsprechend.

Arbeitsblatt (L: *What do they do on Sundays? Complete the sentences.*)
K setzen die entsprechenden Tätigkeiten in die Lücken ein.

Lied: Puffer Train (CD 2)

| 71 | **Arbeitsblatt** | **Name:** |

What do they do on Sundays? Complete the sentences.

| go sailing | go to the swimming pool | go to the zoo |
| walk through the wood | have a barbecue | visit a castle |

1. On Sundays they _____.

2. On Sundays they _____.

3. On Sundays they _____.

4. On Sundays they _____.

5. On Sundays they _____.

6. On Sundays they _____.

Bergedorfer Grundschulpraxis: Englisch – 4. Klasse, Band 2
© Persen Verlag GmbH, Horneburg 2005

FOLIE 12

Our world

Thema: The weather/Europe

Material: Handpuppe, OHP, Folien von Arbeitsblatt 1 und 2, Folienschreiber, Papprahmen als Fernsehbildschirm, Materialblatt: Wheather wheel, Arbeitsblätter, Stifte, Schere, Musterbeutelklammer, Wörterliste

Wörter/Sätze

Spain, Holland, Russia, Sweden; Tomorrow there will be ...; sunshine, wheather, rain, fog, storm, wind, snow, clouds, sunny, rainy, foggy, stormy, windy, snowy, frosty, cloudy, Great Britain, Germany, France, Italy, today

Ablauf

Lied: Incey Wincey Spider (CD 1)

⇨ L zeigt die **Folie von Arbeitsblatt 1** und wiederholt zunächst die bekannten Länder und Wetterbegriffe: *Look, the pictures show you what's the weather like in Europe at the moment: In Great Britain it is stormy today. In France it is snowy today. In Germany it is cloudy today. In Italy it is sunny today.*
L führt die neuen Länder ein: *In Spain it is rainy today. In Holland it is foggy today. In Russia it is windy today. In Sweden it is frosty today.*
K sprechen jeweils nach.

⇨ L schreibt die Wörter unter die entsprechenden Abbildungen auf die **Folie**. K lesen die Wörter.

⇨ L: *I like rainy weather. And what weather do you like, (Susan)?/Do you like stormy weather, (Tim)?/I like rainy weather, but I don't like snowy weather. And you, (Nick)?*
K antworten und bilden Sätze nach demselben Muster.

⇨ L: *Now let us switch on the TV and see what the weather is going to be like in Great Britain tomorrow.*
L zeigt die **Folie von Arbeitsblatt 2**, hält sich den „Bildschirm" vors Gesicht und kündigt als „Fernseh-Wetterfrosch" das Wetter für den morgigen Tag an: *Tomorrow there will be snow in Scotland/storm in Northern Ireland/wind in York/fog in London/rain in Dublin/clouds in Wales/ sunshine in Plymouth.*
K sprechen jeweils nach.

⇨ Nacheinander halten sich einige Kinder den „Bildschirm" vors Gesicht und nennen das Wetter für den morgigen Tag.

Partnerarbeit
K 1: *What's the weather going to be like in ... tomorrow?* – K 2: *Tomorrow there will be ... in ...*

Arbeitsblatt 2 (L: *Fill in the right words.*)
K setzen die entsprechenden Wörter in die Lücken ein.

Evtl. Arbeitsblatt 1 (L: *Write the words.*)
K schreiben die Wörter unter die entsprechenden Abbildungen.

Materialblatt (L: *Let's make a wheather wheel!*)
K basteln ihre Wetterscheiben nach der Anleitung. (Auf ihnen können K in den folgenden Stunden das Tageswetter einstellen.)

72 Arbeitsblatt 1 (Folie) Name:

Great Britain:

It is _____.

France:

It is _____.

Germany:

It is _____.

Italy:

It is _____.

Spain:

It is _____.

Holland:

It is _____.

Russia:

It is _____.

Sweden:

It is _____.

72 Arbeitsblatt 2 (Folie) Name:

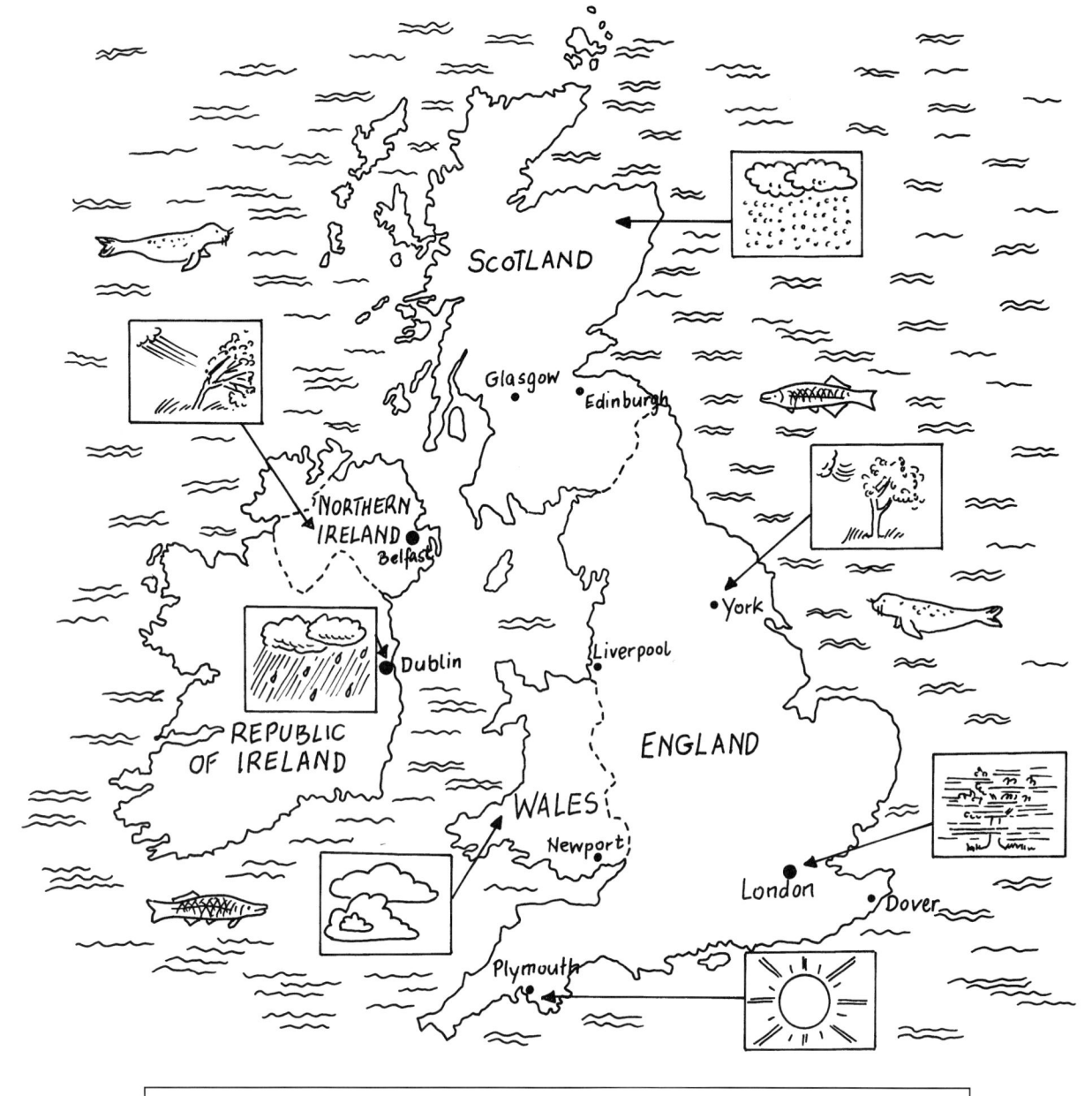

snow – fog – sunshine – clouds – storm – wind – rain

Tomorrow there will be _____ in Wales.

Tomorrow there will be _____ in Northern Ireland.

Tomorrow there will be _____ in Scotland.

Tomorrow there will be _____ in London.

Tomorrow there will be _____ in Plymouth.

Tomorrow there will be _____ in York.

Tomorrow there will be _____ in Dublin.

Material: Weather wheel

① Draw different weather pictures on the wheel.

② Write the words around the edge of the wheel.

③ Cut the wheel out.

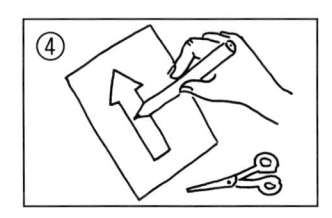

④ Colour the arrow and cut it out.

⑤ Fix the arrow to the wheel with a butterfly clip.

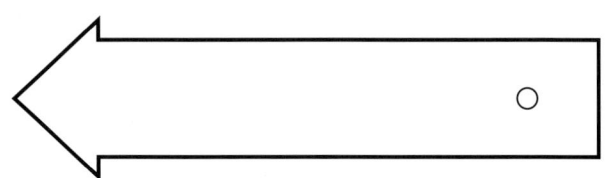

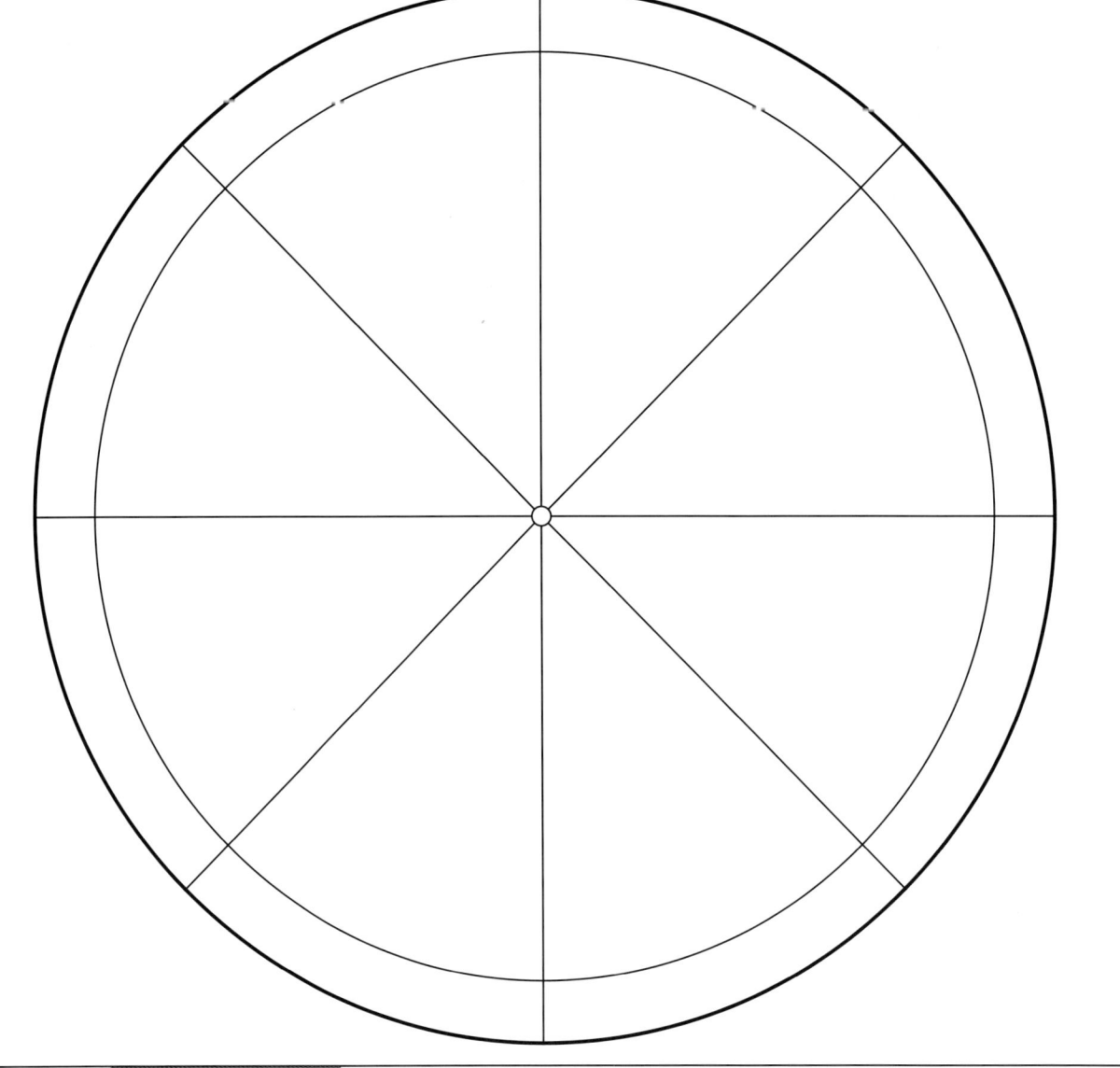

73 Our World

Thema **Great Britain**

Material Handpuppe, OHP, Folie 13, Filme und Dias, (ADAC-)Atlas,
Materialblätter: Spiel – A Trip Through Great Britain, Würfel,
Spielfiguren, Stifte, Klebstoff, Wörterliste

Ablauf

> **Wörter/Sätze**
>
> **north, east,
> south, west,**
> holidays; I would/
> I'd like to go to ...

Lied: Puffer Train (CD 2)

⇨ H hält einen (ADAC-)Atlas in der Hand und murmelt: *It is so diffcult, it is so very difficult.*
L: *Hello, Jimmy! What's on? What is so difficult?*
H: *To find a good place for my next holidays!*
L: *Where do you want to go on holiday? To Italy, Spain, France ...?*
H: *No, no! I want to go to Great Britain, of course. But I can't decide. Shall I go to the south or better to the east? Shall I go to the west? Or shall I go to the north, to Scotland? I don't know.*
L: *We will help you, the children and I. So, let's first have a look at the map of the British Islands.*
K suchen auf der Karte zunächst *Ireland, Wales, Scotland, England, Northern Ireland.* Dann werden bekannte Städte gesucht.

⇨ L zeigt **Folie 13** und berichtet von den verschiedenen Landschaften, Städten und Sehenswürdigkeiten:
Im Süden bei **Eastbourne** gibt es die steilen weißen Felsen (*cliffs*) an der See (*seaside*).
Im Südwesten das unheimliche **Dartmoor**, in **Cornwall** die steile Küstenlandschaft und kleine Fischerdörfer. Im Westen liegt **Wales** mit atemberaubenden Landschaften, alten Burgen und unaussprechlichen Namen (z. B. *Llanrhaeadr-ym-Mochnant*). Im Osten die Universitätsstadt **Cambridge**, im mittleren England liegt der **Lake District**, ein Nationalpark mit Bergen und Seen. Im Norden befindet sich **Scotland** mit einer atemberaubenden Küstenlandschaft, der Stadt **Edinburgh** und dem bekannten **Loch Ness**, einem See, in dem ein Ungeheuer (*Nessie*) wohnen soll.

⇨ L zu H: *I would like to go to the north, to Scotland.* – K sprechen nach.
L: *And you, (Susan), where would you like to go?*
(Susan): *I would/I'd like to go to the ... Where would you like to go, (Peter)?* usw.
H: *What about me? I still don't know where I would like to go.*
L: *Don't worry! We'll help you. We will watch films and slides. We will go to the library to look for books with pictures and we will go to travel agencies, where we ask for brochures about Great Britain.*
(K bekommen den Auftrag, in Reisebüros und Büchereien entsprechendes Informationsmaterial über Großbritannien zu besorgen.)

Materialblätter: Spiel (L: *Colour both parts of the game and stick them together.*)
K malen beide Blätter an und kleben sie zusammen.

Gruppenarbeit (3–5 K)
K spielen das Würfelspiel: A Trip Through Great Britain.

⇨ Evtl. im Sachkundeunterricht: L zeigt Filme und Dias über Großbritannien.

Hinweis für die nächste Stunde
L plant ein gemeinsames Frühstück. K überlegen, wer was dazu mitbringt.

73 Material: Spiel – A Trip Through Great Britain

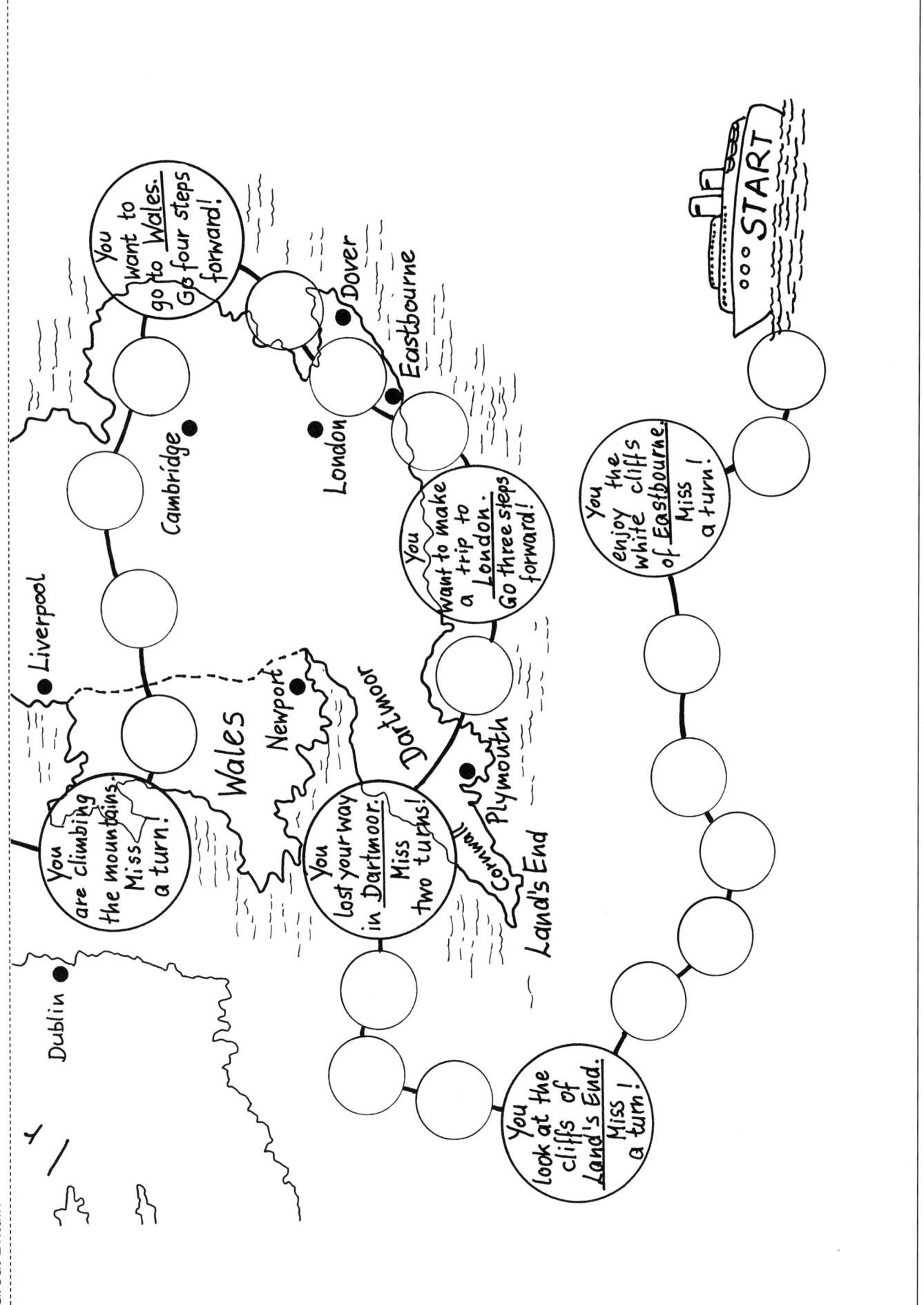

73 | Material: Spiel – A Trip Through Great Britain

START

- You want to go to Wales. Go four steps forward!
- You want to make a trip to London. Go three steps forward!
- You enjoy the white cliffs of Eastbourne. Miss a turn!
- You are climbing the mountains. Miss a turn.
- You lost your way in Dartmoor. Miss two turns!
- You look at the cliffs of Land's End. Miss a turn!

Dover, Eastbourne, Cambridge, London, Liverpool, Wales, Newport, Dartmoor, Plymouth, Land's End, Dublin

Great Britain

FOLIE 13

North
West East
South

Loch Ness
SCOTLAND
Edinburgh
Lake District
ENGLAND
WALES
Cambridge
London
Cornwall Dartmoor Eastbourne

74 Food and drinks

Thema — **Table manners**

Material — Handpuppe, CD-Player mit CD 2, Speisen und Getränke (Brot, Brötchen, Würstchen, Käse, Butter, Schinken, Äpfel, Birnen, Milch, Saft, Mineralwasser), Servietten, Tischdecken, Brotkorb, Geschirr und Besteck, Arbeitsblatt, Stifte, Wörterliste

Ablauf

> **Wörter/Sätze**
>
> *thirsty, roll;*
> *Help yourself!; Enjoy your meal!; Thanks, the same to you!; Can you pass me ..., please?;*
> *I would like some ...;*
> *Of course, here you are;*
> *hungry, table, milk, water, juice, bread, butter, cheese, apple ...*

Lied: Polly, Put the Kettle On (CD 1)

⇨ H: *I am so hungry this morning! I'm looking forward to our breakfast.*
L: *I too, (Jimmy). Children, please put all the things you have brought here on the table.*
H: *Oh, excuse me, please. I am so thirsty. I can hardly wait.*

⇨ L: *One moment, please, (Jimmy). We lay the table immediately. Children, come on, let's hurry up. (Jimmy) is hungry and thirsty. You too? (Michael), are you hungry? Do you want to eat something?*
(Michael): Yes, I am./No, I'm not. (Susan), are you thirsty? Do you want to drink something? usw.

⇨ K decken die Tische. L gibt dabei Anweisungen, z. B.: *(John), please, put the apples there/the bottles here/the rolls in the basket!* usw.

⇨ L: *Children, come to the table, please! I am hungry. I would like some ... And you, (Jimmy)?*
H: *I am hungry/thirsty. I would like some ...*
L: *Help yourself! Enjoy your meal!*
H und K: *Thanks, the same to you.*

⇨ Während des Frühstücks wiederholt L die bekannten Vokabeln und führt die neuen ein.

⇨ L fragt einige Kinder: *What about you, (Susan)?*
(Susan): I am hungry. I would like some ...
L: *Help yourself, (Susan).*
L: *(Jimmy), can you pass me an apple, please?*
H: *Yes, of course, here you are.*
L bittet K um verschiedene Sachen. K handeln und antworten entsprechend.

L führt ein neues Gedicht ein: 17. Jack Sprat (s. Tipps, S. 11).

> Jack Sprat can eat no fat;
> His wife can eat no lean;
> And so between the two, you see,
> They leave the platter clean.
> Jack Sprat eats all the lean,
> His wife eats all the fat;
> And when the bone is bare,
> They give it to the cat.

Arbeitsblatt: (L: *Fill in the missing words.*)
K setzen die Wörter in die Lücken ein.

Arbeitsblatt Name:

Fill in the missing words.

table – hungry – thirsty – meal – pass – same

- I'm _____
- I'm _____
- Come to the _____ please!
- Enjoy your _____!
- Thanks, the _____ to you!
- Can you _____ me the apple, please?

At the table

75 Leisure time

Thema **Hobbies**

Material Handpuppe, OHP, Folie vom Materialblatt, Folienschreiber, CD-Player mit neutraler Musik-CD, Tennisball oder -schläger, Picture cards: hobbies (s. Material), Arbeitsblätter, Stifte, Wörterliste

Ablauf

> **Wörter/Sätze**
>
> ***What's your hobby?;
> knitting (pullovers),
> doing athletics,***
> sailing a boat, playing
> computer games,
> taking photographs,
> baking cakes,
> playing the trumpet,
> playing tennis/football

Lied: Hokey Cokey (CD 1)

⇨ H hat einen Tennisball oder -schläger dabei.
L: *Hi, (Jimmy). What are you going to do?*
H: *I'm going to play tennis this afternoon.*
L: *Oh, how lovely! Is playing tennis your hobby?*
H: *Yes, it is. What is your hobby?*
L: *My hobby is ...*
L und K sprechen über ihre Hobbys.

⇨ L zeigt die **Folie vom Materialblatt**: *Look, what hobbies these children have: Linda is sailing a boat. Diana is knitting pullovers. John is doing athletics (long jump). Tina is playing computer games. Laura is painting pictures. George is taking photographs. Sarah is playing the trumpet. Peter is baking cakes.*

⇨ L zeigt auf die Abbildungen: *Look, this is ... What is he/she doing?*
K antworten entsprechend.

⇨ L: *What is (Linda's) hobby?* usw.
H: *(Her) hobby is (sailing a boat).*
K sprechen jeweils nach.

⇨ L schreibt die Wörter zu den entsprechenden Abbildungen auf die **Folie**.
K lesen die Wörter im Chor.

⇨ Jedes Kind bekommt eine Bildkarte. K gehen damit zur Musik durch den Klassenraum.
K fragen sich gegenseitig: *What's your hobby?*
K antworten entsprechend ihren Bildkarten:
My hobby is ...

Arbeitsblatt 1 (L: *Go around and interview your class-mates.*)
K fragen sich gegenseitig nach ihren Hobbys und tragen die Namen ihrer Klassenkameradinnen und Klassenkameraden in die Tabelle ein.

Arbeitsblatt 2 (L: *Make sentences.*)
K bilden Sätze zu den Abbildungen.

Gedicht: A Musical Family (CD 2)

| 75 | **Arbeitsblatt 1** | **Name:** _____ |

What's your hobby?

hobbies	names
riding a horse	
sailing a boat	
taking photographs	
playing computer games	
doing athletics	
playing football	
playing an instrument	
playing tennis	

75 — Arbeitsblatt 2 — Name:

Make sentences.

She's / He's — taking, baking, playing, sailing, playing, knitting — a boat, the trumpet, pullovers, tennis, photographs, cakes

_____

_____

_____

_____

_____

_____

Hobbies

75 — Material: Picture cards – hobbies (Folie)

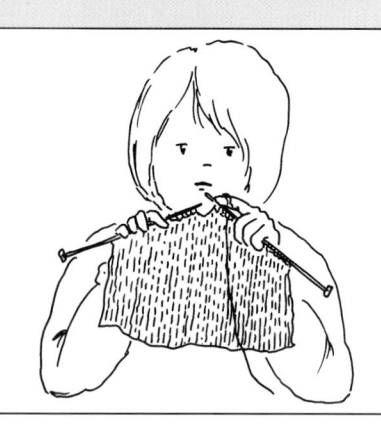

Our world

Thema ## At the doctor's

Material Handpuppe, OHP, Folie vom Arbeitsblatt,
CD-Player mit CD 2, Arbeitsblatt, Stifte, Wörterliste

> **Wörter/Sätze**
>
> *headache, stomach-ache, toothache, backache, cough, cold, medicine, doctor; What's the matter with you?; I'm ill; He/She has got ...; the parts of the body ...*

Ablauf

Lied: Head and Shoulders (CD 1)

⇨ L: *Let's have a look at our body.*
Do you remember the names of the different parts?
L zeigt auf verschiedene Körperteile und stellt Fragen dazu: *Is this my (head)?*
K: *Yes, it is./No, it isn't.*
L zeigt auf Körperteile: *What's this?*
K nennen die entsprechenden Begriffe und zeigen die Körperteile bei sich selbst.

Gedicht: These Are My Eyes (CD 1)

⇨ L zeigt die **Folie vom Arbeitsblatt** und benennt die Kinder mit ihren Krankheiten: *Look, this is Mike. Poor Mike is ill. He's got stomach-ache./This is Lucy. She has got headache./This is Peter. He has got backache./This is Linda. She has got toothache./This is David. He has got a cold./This is Teresa. She has got a cough.*
K sprechen jeweils nach.

Spiel: At the Doctor's
L: *Now, I am the doctor, and (Jimmy) is the patient.*
H: *Good morning, doctor.* (H hustet.)
L: *Hello, (Jimmy). What's the matter with you?*
H: *Oh, I'm ill. I have got a cough.* (H hustet wieder.)
L: *You've got a bad cough. Here is some medicine for you.*
H: *Thank you, doctor, and goodbye.*
L: *Goodbye, (Jimmy).*
Im Anschluss daran übernehmen verschiedene Kinder die Rollen von L und H.
Sie nennen dabei auch die anderen Krankheiten und stellen sie pantomimisch dar.

Partnerarbeit
K spielen selbstständig „At the Doctor's". (L hilft, wenn es nötig ist.)

Arbeitsblatt (L: *Complete the sentences.*)
K vervollständigen die Sätze.

L führt ein neues Gedicht ein: 18. I Do not Like Thee (s. Tipps, S. 11).
I do not like thee, Doctor Fell,
The reason why I cannot tell;
But this I know, I know right well,
I do not like thee, Doctor Fell.

Lied: If You're Happy (CD 1)

76 Arbeitsblatt (Folie) Name: _____

Complete the sentences.

cold – headache – toothache – backache – cough – stomach-ache

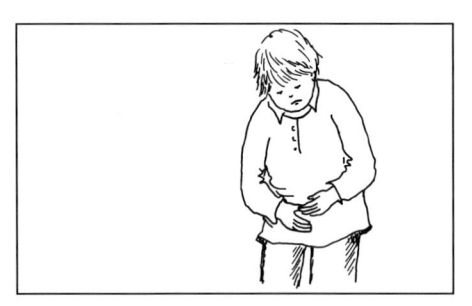

Mike has got _____.

Lucy has got _____.

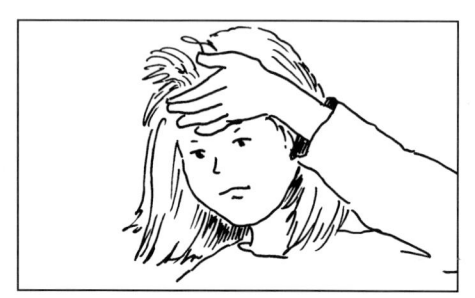

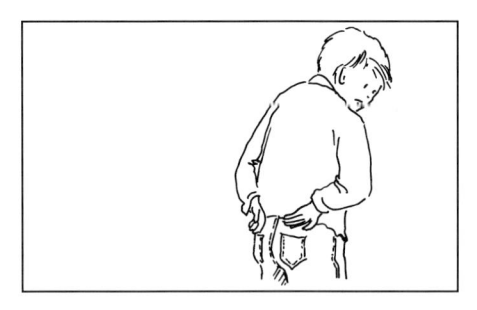

Peter has got _____.

Linda has got _____.

David has got a _____.

Teresa has got a _____.

77 Our world

Thema **Traffic**

Material Handpuppe, OHP, Folie 14, mitgebrachte Spielzeug-Fahrzeuge der Kinder, Arbeitsblatt, Stifte, Wörterliste

Ablauf

> **Wörter/Sätze**
>
> ***ambulance, motorbike, police car, traffic lights,*** vehicles ...; *Turn left/right!; Go straight on!*

Lied: The Wheels on the Bus (CD 2)

⇨ L zeigt **Folie 14** und führt die neuen Vokabeln ein:
Look, what traffic there is in London.
This is a traffic light/police car/motorbike./This is an ambulance.
K sprechen jeweils nach.

⇨ Anschließend zeigt L auf der Folie bekannte Dinge und fragt danach:
What's this?/How many ... can you see in the picture? – K antworten entsprechend.

⇨ L zeigt auf die Verkehrsschilder: *What does this sign mean?*
K oder H: *Turn left!/Turn right!/Go straight on!*

Spiel: My Robot
Die Kinder gehen paarweise hintereinander durch die Klasse. Das vordere Kind ist der Roboter. Wenn das hintere Kind bei dem „Roboter" auf einen „Knopf" drückt und einen Befehl erteilt, z. B.: *Turn left!,* muss der „Roboter" ihn ausführen.

⇨ K sitzen im Stuhlkreis. Sie legen ihre mitgebrachten Spielzeug-Fahrzeuge in die Mitte und benennen sie.

Kreisspiele
1. K reichen mehrere Fahrzeuge im Kreis weiter. Dazu sprechen sie jeweils: *A (lorry, taxi ...) is coming.*

2. Ein Fahrzeug wird hinter dem Rücken weitergereicht, ohne dass K sehen, um was es sich handelt. Sie versuchen die Fahrzeuge zu erraten und äußern ihre Vermutungen, z. B.: *A train is coming.*

3. Der Spielleiter hält ein Fahrzeug hinter dem Rücken versteckt. K raten, um welches es sich jeweils handelt: *Is it the (train)?* Der Spielleiter antwortet entsprechend.

Spiel: Rolling, Floating, Flying
Die Kinder klopfen abwechselnd mit beiden Händen auf den Tisch. Wenn L ein Fahrzeug nennt, das rollt, strecken K die Arme gerade nach vorne. Nennt L ein Fahrzeug, das schwimmt, halten sie die Arme unter den Tisch, und wenn das genannte Fahrzeug fliegt, strecken sie die Arme in die Luft.

Arbeitsblatt (L: *Make sentences.*)
K bilden Sätze zu den Abbildungen.

Lied: Puffer Train (CD 2)

Arbeitsblatt 77 — Name:

Make sentences.

| Susan / Robert / Kevin / Hannah | goes | to the doctor's / to the park / to the zoo / to school | by bike / by train / by bus / by taxi |

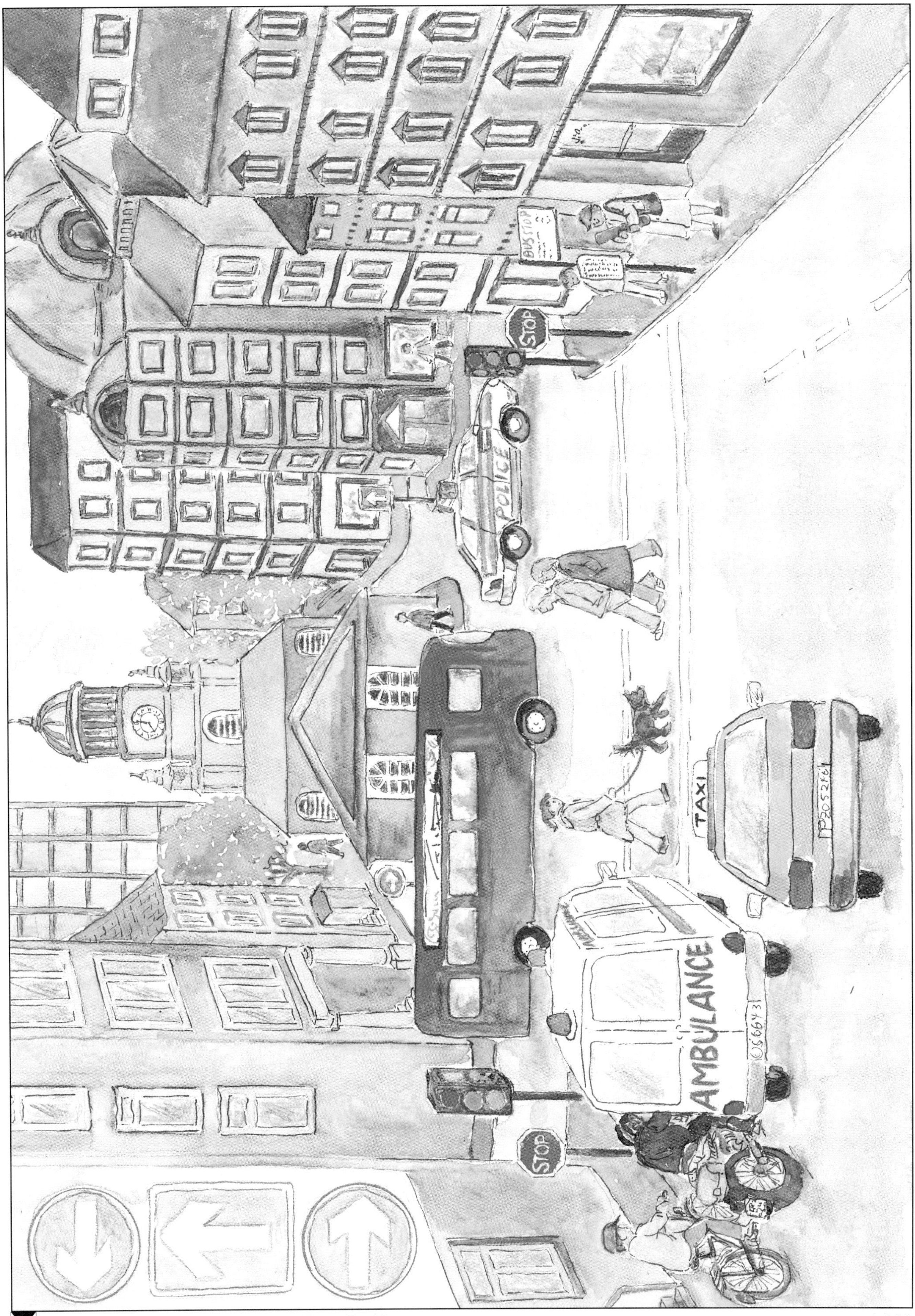
BUS STOP
STOP
POLICE
TAXI
AMBULANCE
STOP

78 Leisure time

Thema: **Possession**

Material: Handpuppe, mitgebrachte Spielsachen der Kinder, evtl. Rucksack, Kappe, Arbeitsblatt, Stifte, Wörterliste

Wörter/Sätze

Is it yours?;
It's mine;
Whose ... is this?;
toys ..., clothes ...,
school things ...,
prepositions ...

Ablauf

Lied: Kookaburra (CD 2)

⇨ L hält eine Kappe in der Hand: *Look, here is a cap. It is not mine. Is it yours, (Jimmy)?*
H: *Yes, it is mine. Look, Mr/Mrs ..., here is a book. It is not mine. Is it yours?*
L: *Yes, it's mine. Thank you.*

⇨ L sammelt verschiedene Dinge (Spielsachen, Schulsachen, Kleidungsstücke) von den Kindern ein und legt sie auf einen Tisch. Die Dinge werden noch einmal gemeinsam benannt.

⇨ L hält verschiedene Gegenstände hoch: *Look, here is a (toy car). It's not mine. Is it yours, (Susan)?*
(Susan): *Yes, it's mine./No, it's not mine. Is it yours, (Fred)?* usw.

Gruppenarbeit (4–6 K)
Jede Gruppe bekommt verschiedene Gegenstände. K stellen sich gegenseitig Fragen nach den Besitzern (s. o.). Sie antworten entsprechend.

⇨ L zeigt auf bestimmte Gegenstände: *Whose (cap) is it?*
K: *It's (Linda's)./It's mine.*
Anschließend stellen K ebenfalls Fragen mit *whose*.

Spiel: Whose Toy Is Missing?
K sitzen im Stuhlkreis. In der Mitte liegen die Spielsachen. Ein Kind wird vor die Tür geschickt. Bevor es wieder hereingerufen wird, entfernen die anderen ein Teil. Sie fragen das Kind: *Whose toy is missing?* K muss erraten, um wessen Spielzeug es sich jeweils handelt: *Is it (David's plane)?* Anschließend ist ein anderes Kind an der Reihe.

⇨ L legt verschiedene Sachen auf-, unter-, neben-, vor-, hintereinander und fragt: *Where is the ...?*
K antworten entsprechend.

Spiel: I Pack My Rucksack/Chain-Game (s. Spiele 4.3)
Beispiel: *I want to go on holiday. I put my (gameboy) in my rucksack.*
(Tipp: Das Spiel kann mit einem realen Rucksack gespielt werden, in den K jeweils die entsprechenden Gegenstände hineinlegen.)

Arbeitsblatt (L: *Write the questions and the answers.*)
K schreiben die Fragen und Antworten zu den Abbildungen.

Lied: Ten Little Indians (CD 1)

78 Arbeitsblatt — Name:

Write the questions and the answers.

Linda Brian Mary Robert John

bike trumpet football book doll

Whose bike is it?   It is Mary's.

79 My body and my clothes

Thema — **Adjectives/Comparisons/Clothes**

Material — Handpuppe, Plastiktüten mit (alten) Kleidungsstücken, Luftballons, Arbeitsblatt, Stifte, Wörterliste

> **Wörter/Sätze**
>
> **balloon**, long, **longer, longest**, small, **smaller, smallest**, short, **shorter, shortest**, tall, **taller, tallest**, big, **bigger, biggest**, **too** (big), to wear clothes ..., colours ...

Ablauf

Lied: In and out and Round the House (CD 2)

⇨ L stellt die Plastiktüten auf einen Tisch: *Can you guess what's in it?* Wenn K den Inhalt erraten haben, dürfen sie die Kleidungsstücke auspacken. Jedes Kind sucht sich etwas heraus und zieht es an.

⇨ Jedes Kind nennt „sein" Kleidungsstück und beschreibt die Farbe, z. B.: *I wear a scarf. It is blue.*

⇨ L beschreibt die Passform der Sachen: *It is too long/short/big/small.*

L: *Look at (Diana)! Is her (cardigan) long? Is it too long?*
K: *Yes, it is./No, it isn't.*

L: *Is your (sweater) too long, (Susan)?*
(Susan): *Yes, it is./No, it isn't. Is your (dress) too short, (Linda)?* usw.

L: *Your cardigan is too small, (Linda)!*
(Linda): *No, it's okay. Your scarf is too short, (Tim)!* usw.

⇨ L: *(Susan's) sweater is long. (Kevin's) sweater is longer. (Peter's) sweater is the longest.*
L zeigt drei verschieden lange Bleistifte: *This pencil is long. This pencil is longer. This pencil is the longest.*
L bläst drei Luftballons auf: *This balloon is big. This balloon is bigger. This balloon is the biggest.*
K sprechen jeweils nach.

⇨ L: *Show me the biggest balloon!; Show me the longest pencil!* usw.
K handeln entsprechend.

⇨ L holt drei unterschiedlich große Kinder nach vorn. L oder K vergleicht die Größe, z. B.: *Fred is tall. Linda is taller. Brian is the tallest.*
K sprechen jeweils nach.

L: *Show me the smallest child/the shortest scarf/the biggest balloon/the longest pencil!* usw.

Arbeitsblatt (L: *Write the missing words.*)
K setzen die fehlenden Steigerungsformen ein.

Lied: If You're Happy (CD 1)

79 — Arbeitsblatt — Name:

Write the missing words.

longer – smaller – longest – big – tall – bigger – tallest – smallest

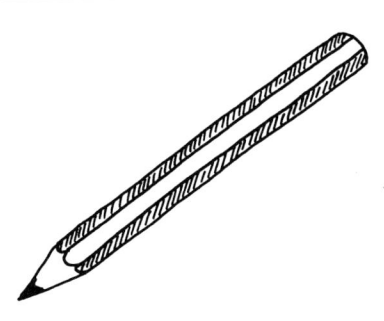

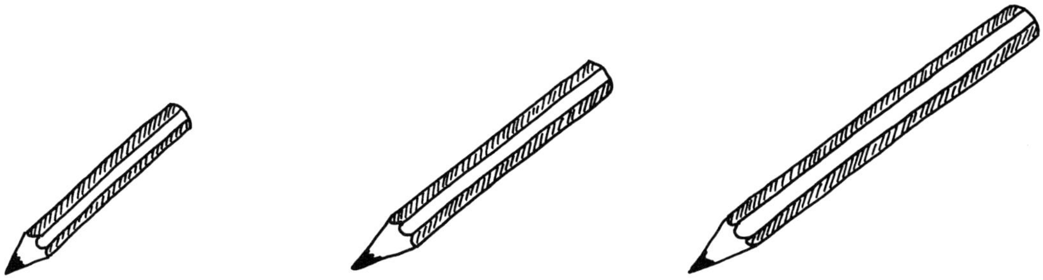

long	_____	_____
_____	_____	biggest
_____	taller	_____
small	_____	_____

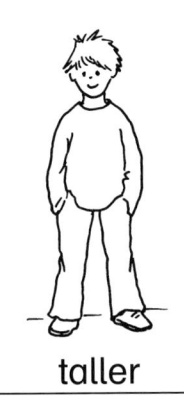

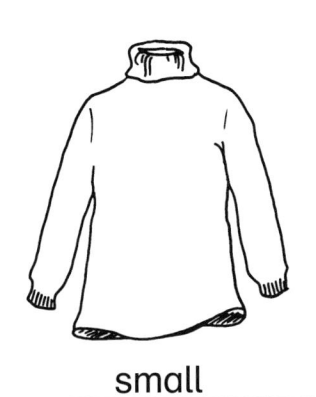

80 Leisure time

Thema | **Activities/Holidays**

Material Handpuppe, CD-Player mit neutraler Musik-CD, Tuch, Arbeitsblatt, Stifte, Wörterliste

Ablauf

> **Wörter/Sätze**
>
> *What will you do in the holidays?;*
> *I will* go swimming/diving/fishing/sailing, have barbecues, read books, go to (Austria)/the seaside/the mountains …; colours …

Gedicht: Summer Days (CD 2)

⇨ L: *This is our last lesson before the summer holidays. Let us plan what we will do then. You tell me your ideas and I write them here on the blackboard.*
L schreibt alle von K genannten Aktivitäten an die Tafel (go swimming, play in the garden, read books, play with friends, go to the seaside/mountains, go sailing …).

⇨ L stellt K Fragen, z. B.: *Will you go to the seaside?; Where will you go?; What will you do there?; Will you play with …?; What would you like most?; What will your friends/brother/parents … do?*
K antworten entsprechend.

⇨ K gehen zur Musik durch den Klassenraum. Wenn die Musik stoppt, fragen sie sich gegenseitig: *What will you do in the holidays?* – Sie antworten entsprechend.

⇨ L: *In the holidays I will go swimming, but I will not go to the circus.*
K sprechen nach und bilden Sätze nach demselben Muster.

Spiel: Mr Crocodile
(auf dem Schulhof oder in der Turnhalle)
Mit Kreide wird ein Fluss auf den Boden gemalt. K stehen auf einer Seite vom Fluss. Ein Spieler, „Mr Crocodile", steht auf der anderen Seite. K rufen: *Mr Crocodile, who may cross the river?* „Mr Crocodile" antwortet z. B.: *Red and blue may cross the river.*
Nun laufen alle über den Fluss, und „Mr Crocodile" versucht eins der Kinder zu fangen, das kein Rot oder Blau in seiner Kleidung hat. Das gefangene Kind ist im nächsten Spiel „Mr Crocodile".

Spiel: What's the Time, Mr Wolf? (s. Spiele 4.2)
(auf dem Schulhof oder in der Turnhalle)

Arbeitsblatt (L: *Make sentences.*)
K bilden Sätze zu den Abbildungen und schreiben sie auf.

Alternative
Lied: I Sent a Letter to My Love (CD 1) – evtl. mit Spiel

Lied: Goodbye (CD 1)

80 Arbeitsblatt Name:

Make sentences.

| listen to music | read books | visit the circus |

| go sailing | go diving | go by bike |

JANE

PETER

JIM

In the holidays Jane will _____

_____

_____

_____

_____

6 Anhang

6.1 Vokabeln

Hier sind nur die in den Unterrichtsstunden **neu eingeführten** Vokabeln aufgelistet.

Std.	Wörter/Sätze
41–43	penguin, tortoise, parrot, zebra, dolphin, wolf, kookaburra, boat, to float, to trumpet, to howl, to hiss, to growl, to roar
44	whose, mine, vehicle, material, wood, plastic, leather, cardboard, metal, cloth
45	fourth, fifth, sixth, seventh, eighth, nineth, tenth ... thirty-fourth
46	when, from ... to ..., to have breakfast/lunch, to do one's homework, every (Monday)
47	drums, trumpet, clarinet, violin, flute, piano
48	caterpillar, hedgehog, butterfly, bumblebee, hedge, buzzing
49/50	hungry, pear, plum, strawberry, sausage, salami, ice-cream cone, lollipop, watermelon, cupcake, pickle, chocolate cake
51	a cup of coffee/hot chocolate, a glass of lemonade; Can I pay, please?
52	bell, speedometer, frame, saddle, head/rear lamp, reflector, lock, pedal, pump
53	ant, grasshopper, to ask for, not even a single (crumb)
54	hall, stairs, bookshelf, carpet, cupboard, lamp, flower-pot, sofa, cooker, armchair, toilet, bath-tub, desk
55	flat, caravan, tent, lighthouse, farmhouse, boat, igloo
56	station, to leave, ticket, single, return, next
57	violet, tulip, daisy, daffodil, pansy, primrose
58	having a bath, listening to music
59	budgie, kitten
60/61	to build, to blow down, straw, brick, chimney
62	sausage, rice; It was delicious; Would you like some more ...?
63	one hundred and ten, two hundred and thirty, three hundred and fifty ...
64	mowing the grass, watering the flowers
65	United States of America, Canada, Australia, New Zealand, South Africa, India, Malta, Ireland, capital, American, Canadian, Australian, New Zealander, South African, Indian, Irish
66	huge, tiny, gnawing, to be (more) careful, to be trapped, tail, hunter, net, free, future
67	sink, fridge, bacon, oil, parsley, to cut, to wash the dishes, to lay the table, to peel (the potatoes)
68	Tower Bridge, Tower of London, Saint Paul's Cathedral, National Gallery, Trafalgar Square, tourist, guide
69	Buckingham Palace, Houses of Parliament, Big Ben
70	sign; Turn left/right!; Go straight on!; Excuse me; hotel, church, hospital, post office, town hall, letterbox, swimming pool
71	to have a barbecue, to go sailing, to go to the cinema, most of all, as well
72	Spain, Holland, Russia, Sweden; Tomorrow there will be (sunshine).
73	north, east, south, west
74	thirsty, roll; Help yourself!; Enjoy your meal!; Thanks, the same to you!; Can you pass me ..., please?
75	What's your hobby?; knitting (pullovers), doing athletics
76	headache, stomach-ache, toothache, backache, cough, cold, medicine, doctor; What's the matter with you?
77	ambulance, motorbike, police car, traffic lights
78	Is it yours?
79	balloon, longer, longest, smaller, smallest, shorter, shortest, taller, tallest, bigger, biggest, too (big)
80	What will you do in the holidays?; I will ...

6.2 Kurzinformationen zu englischsprachigen Ländern

Australia
Capital: Canberra
The smallest continent – great deserts in the inland – very hot and dry – Great Barrier Riff – Ayers Rock (one of the world's greatest inselbergs) – great sheep farms – kangaroos and koala bears – until 1901 under British government
Great cities: Sydney, Melbourne, Brisbane, Perth

Canada
Capital: Ottawa
In the north of North America – great forests – great lakes – great rivers (Saint Lorenz, Saskatchewan) – a lot of islands – Rocky Mountains – until 1931 under British government
Great cities: Montreal, Quebec, Winnipeg, Calgary
Other language: French

India
Capital: New Delhi
On the Asian continent – at the Indian Ocean – mountains in the north (the Himalayas) – great river (Ganges) – tea plantations – elephants and tigers – until 1947 under British government
Great cities: Bombay, Kalkutta, Madras
Other languages: Hindi and 17 others

Ireland
Capital: Dublin
Is called the green island – in the west of England – the northern part belongs to Great Britain (capital: Belfast) – a lot of meadows and fens
Other language: Irish

Malta
Capital: Valletta
A small island in the Mediterranean Sea – between Italy and Africa – until 1964 under British government
Other language: Maltese

New Zealand
Capital: Wellington
In the south-east of Australia – volcanos – great sheep farms – until 1931 under British government
Great cities: Hamilton, Auckland, Christchurch, Dunedin

South Africa
Capital: Pretoria (parliament in Cape Town)
At the Cape of Good Hope (Atlantic/Indian Ocean) – great rivers (Oranje, Vaal) – Table Mountain – until 1931 under British government
Great cities: Johannisburg, Cape Town (Kapstadt), Durban
Other languages: Afrikaans, Zulu and 8 others

United States of America (USA)
Capital: Washington
In North America – great forests – great lakes – great rivers (Missouri, Mississippi, Ohio, Colorado) – Rocky Mountains – hot deserts – great prairies and cornfields – until 1776 under British government
Great cities: New York, Chicago, Philadelphia, Boston, Los Angeles, San Francisco, Detroit

6 Anhang

6.3 Gedichte und Lieder

Die Gedichte und Lieder finden sich auf den Material- bzw. Einführungsblättern der entsprechenden Stunden und – zusammen mit den Gedichten und Liedern für das 1. Halbjahr der 4. Klasse – auf **CD 2** der **Bergedorfer Grundschulpraxis Englisch**.

Gedichte

1. Abzählreim: Apples, Peaches, Pears, Plums (5. Stunde)
2. Kite (6. Stunde)
3. Autumn Woods (11. Stunde)
4. Abzählreim: One, Two, Three (12. Stunde)
5. Little Miss Muffet (13. Stunde)
6. Witch, Witch (14. Stunde)
7. Limerick: There Was a Young Lady (26. Stunde)
8. Clocks and Watches (28. Stunde)
9. Ice (30. Stunde)
10. The Park (38. Stunde)
11. Computer (40. Stunde)
12. A Musical Family (47. Stunde)
13. There Was an Old Woman (55. Stunde)
14. Rickety Train Ride (56. Stunde)
15. Summer Days (64. Stunde)
16. Porridge Is Bubbling (67. Stunde)
17. Jack Sprat (74. Stunde)
18. I Do not Like Thee (76. Stunde)

Lieder

19. Here Comes the Postman (18. Stunde)
20. Jingle Bells (21. Stunde)
21. Michael, Row the Boat Ashore (33. Stunde)
22. Here We Go Round the Mulberry Bush I (37. Stunde)
23. Here We Go Round the Mulberry Bush II (37. Stunde)
24. For He's a Jolly Good Fellow (39. Stunde)
25. Kookaburra (41.–43. Stunde)
26. He's Got the Whole World (41.–43. Stunde)
27. The Wheels on the Bus (44. Stunde)
28. In and out and Round the House (54. Stunde)
29. Puffer Train (56. Stunde)
30. London's Burning (69. Stunde)

6.4 Englische Kinderliteratur

Ahlberg, Janet and Allan: Each Peach, Pear, Plum
Baxter, Nicola: My treasury of Stories and Rhymes
Books, Armadillo: My Little Treasury of Stories and Rhymes
Butterwort, Nick: My Mum Is Fantastic
Campbell, Rod: Noisy Farm
Carle, Eric: The Very Hungry Caterpillar
Carle, Eric: The Bad-Tempered Ladybird
Carle, Eric: Do You Want to Be My Friend?
Crebbin, June: The Puffin Book of Fantastic First Poems
Graves, Kimberlee: The Little Green Man Visits a Farm
Hawkins, Colin: What's the Time, Mr Wolf?
Martin Jr., Bill: Brown Bear, Brown Bear, What Do You See?
Nicoll, Helen and Pienkowski, Jan: Meg and Mog
Paul, Korky and Thomas, Valerie: Winnie the Witch
Paul, Korky and Thomas, Valerie: Winnie Waves Her Wand
Potter, Beattrix: Nursery Rhyme Book
Voake, Charlotte: Ginger Finds a Home
Watanabe, Shigeo: Hallo! How Are You?
Williams, Lanczak Rozanne: Who Took the Cookies from the Cookie Jar?
Williams, Lanczak Rozanne: Lunch with Cat and Dog
Williams, Lanczak Rozanne: Ten Monsters in a Bed
Williams, Lanczak Rozanne: The Giraffe Made Her Laugh
Williams, Lanczak Rozanne: Cinderella Dressed in Yellow

Grundschulunterricht in allen Fächern – leicht gemacht!

Bergedorfer® Grundschulpraxis – Deutsch

1. Klasse
Band 1
206 Seiten, DIN A4,
kartoniert
Best.-Nr. **3932**

Band 2
188 Seiten, DIN A4,
kartoniert
Best.-Nr. **3933**

Band 3
200 Seiten, DIN A4,
kartoniert
Best.-Nr. **3982**

2. Klasse
Band 1
164 Seiten, DIN A4,
kartoniert
Best.-Nr. **3934**

Band 2
171 Seiten, DIN A4,
kartoniert
Best.-Nr. **3935**

3. Klasse
Band 1
Ca. 150 Seiten, DIN A4,
kartoniert
Best.-Nr. **3936**

Band 2
Ca. 150 Seiten, DIN A4,
kartoniert
Best.-Nr. **3937**

4. Klasse
Band 1
Ca. 150 Seiten, DIN A4,
kartoniert
Best.-Nr. **3938**

Band 2
Ca. 150 Seiten, DIN A4,
kartoniert
Best.-Nr. **3939**

Individualisierung, Handlungsorientierung und **Lernen in Zusammenhängen** sind hier oberstes Gebot. Der systematische Aufbau des Lehrgangs und die zahlreichen kreativen Anregungen der „Ideenbörse" erleichtern Ihnen die Unterrichtsvorbereitung erheblich. Eine besondere Hilfe sind auch die vielseitigen Vorschläge zum freien Schreiben mit der Anlauttabelle.

Bergedorfer® Grundschulpraxis – Mathematik

1. Klasse
Band 1
104 Seiten, DIN A4,
kartoniert
Best.-Nr. **3958**

Band 2
Ca. 100 Seiten, DIN A4,
kartoniert
Best.-Nr. **3959**

2. Klasse
Band 1
126 Seiten, DIN A4,
kartoniert
Best.-Nr. **3960**

Band 2
130 Seiten, DIN A4,
kartoniert
Best.-Nr. **3961**

3. Klasse
Band 1
Ca. 100 Seiten, DIN A4,
kartoniert
Best.-Nr. **3962**

Band 2
Ca. 100 Seiten, DIN A4,
kartoniert
Best.-Nr. **3963**

4. Klasse
Band 1
Ca. 100 Seiten, DIN A4,
kartoniert
Best.-Nr. **3964**

Band 2
Ca. 100 Seiten, DIN A4,
kartoniert
Best.-Nr. **3965**

Lebendiger Mathematikunterricht von Anfang an!
Diese Unterrichtshilfen machen die Kinder neugierig auf mathematische Zusammenhänge durch **kindgemäße, differenzierende Aufgaben**. Die übersichtlich strukturierten Seiten enthalten alle relevanten Lerninhalte für den Unterricht in der Grundschule. Sofort einsetzbare Kopiervorlagen und Kommentare erleichtern die Unterrichtsvorbereitung. Die Materialien sind unabhängig vom eingeführten Schulbuch einsetzbar.

Bergedorfer® Grundschulpraxis – Englisch

3. Klasse
Band 1
136 Seiten, DIN A4,
kartoniert
Best.-Nr. **3954**

Foliensatz 1
10 Folien, DIN A4,
vierfarbig
Best.-Nr. **3985**

Band 2
156 Seiten, DIN A4,
kartoniert
Best.-Nr. **3955**

Foliensatz 2
16 Folien, DIN A4,
vierfarbig
Best.-Nr. **3986**

CD 1 mit Liedern und Reimen für die 3. Klasse
Best.-Nr. **3989**

4. Klasse
Band 1
147 Seiten, DIN A4,
kartoniert
Best.-Nr. **3956**

Foliensatz 3
16 Folien, DIN A4,
vierfarbig
Best.-Nr. **3987**

Band 2
142 Seiten, DIN A4,
kartoniert
Best.-Nr. **3957**

Foliensatz 4
14 Folien, DIN A4,
vierfarbig
Best.-Nr. **3988**

CD 2 mit Liedern und Gedichten für die 4. Klasse
Best.-Nr. **3990**

Zu Hause hier und dort – Jeden Tag und jedes Jahr – Lernen, arbeiten, freie Zeit – Durch die Zeiten – Eine Welt für alle – Auf den Flügeln der Fantasie: Diese sechs **Erfahrungsfelder** bilden den Ausgangspunkt für den gemeinsamen Erlebnisrahmen der Schülerinnen und Schüler. Arbeitsblätter, Lieder, Reime und Spiele sind im Handumdrehen einsatzbereit. Die Unterrichtssequenzen liefern **praktische Anregungen** zum Unterrichtsaufbau und einfaches englisches Sprachmaterial.

Bestens vorbereitet in allen Fächern der Grundschule!

Bergedorfer® Grundschulpraxis – Sachunterricht

1./2. Klasse
Natur und Leben
172 Seiten, DIN A4, kartoniert
Best.-Nr. **3940**

Technik und Arbeitswelt
Ca. 100 Seiten, DIN A4, kartoniert
Best.-Nr. **3941**

Raum und Umwelt
Ca. 100 Seiten, DIN A4, kartoniert
Best.-Nr. **3942**

Mensch und Gemeinschaft
Ca. 100 Seiten, DIN A4, kartoniert
Best.-Nr. **3943**

Zeit und Kultur
Ca. 100 Seiten, DIN A4, kartoniert
Best.-Nr. **3944**

3./4. Klasse
Natur und Leben
220 Seiten, DIN A4, kartoniert
Best.-Nr. **3945**

Technik und Arbeitswelt
Ca. 100 Seiten, DIN A4, kartoniert
Best.-Nr. **3946**

Raum und Umwelt
Ca. 100 Seiten, DIN A4, kartoniert
Best.-Nr. **3947**

Mensch und Gemeinschaft
Ca. 100 Seiten, DIN A4, kartoniert
Best.-Nr. **3948**

Zeit und Kultur
Ca. 100 Seiten, DIN A4, kartoniert
Best.-Nr. **3949**

Forschend-entdeckendes Lernen und Arbeiten im Sachunterricht! Dieses umfassende, vielfältige sowie kindgemäße Materialangebot ermöglicht auch ohne Schulbuch einen auf die **aktuellen didaktischen Erkenntnisse** genau abgestimmten Sachunterricht. Jedes Thema bzw. jeder Aufgabenschwerpunkt wird anhand eines didaktisch-methodischen Kommentars entfaltet. Die benötigten Materialien werden im Anschluss daran gleich mitgeliefert. Versuchsbeschreibungen, die als Karteikarten angelegt sind, regen zum Experimentieren und Entdecken an.

Bergedorfer® Grundschulpraxis – Religion

1. Klasse
Buch
172 Seiten, DIN A4,
kartoniert
Best.-Nr. **3950**

CD
68 Min. Spielzeit
Best.-Nr. **3974**

Foliensatz
13 Folien, DIN A5
Best.-Nr. **3975**

2. Klasse
Buch
Ca. 190 Seiten, DIN A4,
kartoniert
Best.-Nr. **3951**

CD
Ca. 65 Min. Spielzeit
Best.-Nr. **3976**

Foliensatz
14 Farbfolien, DIN A5
Best.-Nr. **3977**

3. Klasse
Buch
Ca. 160 Seiten, DIN A4,
kartoniert
Best.-Nr. **3952**

CD
Ca. 65 Min. Spielzeit
Best.-Nr. **3978**

Foliensatz
Ca. 15 Folien, DIN A5
Best.-Nr. **3979**

4. Klasse
Buch
Ca. 160 Seiten, DIN A4,
kartoniert
Best.-Nr. **3953**

CD
Ca. 65 Min. Spielzeit
Best.-Nr. **3980**

Foliensatz
Ca. 15 Folien, DIN A5
Best.-Nr. **3981**

Umfassende Materialien für abwechslungsreiche Stunden, die alle relevanten Themen abdecken! Für jedes Thema liefern die Bände **fundierte theologisch-didaktische Kommentare** und für die einzelnen Unterrichtseinheiten **praxiserprobte Bausteine**. Alle Sequenzen werden in übersichtliche Unterrichtsschritte aufgeteilt und enthalten die benötigten Materialien und Kopiervorlagen für die Unterrichtsgestaltung. Hier wird der Religionsunterricht zu einem ganzheitlichen Erlebnis.

Bergedorfer® Grundschulpraxis – Sport

1./2. Klasse
Band 1
139 Seiten, DIN A4,
kartoniert
Best.-Nr. **3918**

Band 2
160 Seiten, DIN A4,
kartoniert
Best.-Nr. **3919**

Begleit-CD
60 Minuten Spieldauer
Best.-Nr. **3922**

3./4. Klasse
Band 1
120 Seiten, DIN A4,
kartoniert
Best.-Nr. **3920**

Band 2
Ca. 180 Seiten, DIN A4,
kartoniert
Best.-Nr. **3921**

Begleit-CD
Ca. 60 Minuten Spieldauer
Best.-Nr. **3923**

Mit wenig Vorbereitungsaufwand fantasievoll und erlebnisorientiert Sport unterrichten! Dazu bieten diese Bände tolle themengeleitete Sportstunden mit **originellen Spielideen** und **effektiven Übungen**, kompakte Angebote für alle Bereiche des Sportunterrichts (auf zwei Bände verteilt) sowie **Begleit-CDs**, die alle Lieder und Stücke für den Bereich Gymnastik/Tanz enthalten, aber auch Musik zum schnellen oder ausdauernden Laufen, Zirkusmusik, Entspannungsmusik und Geräusche zum auditiven Einstieg in Fantasiesituationen.

Die Reihe für die kreative Unterrichtsgestaltung in der Grundschule!

Bergedorfer® Grundschulpraxis – Musik

1. Klasse
Buch
184 Seiten, davon
4 vierfarbig, DIN A4,
kartoniert
Best.-Nr. **3924**

Doppel-CD
Ca. 120 Minuten
Spieldauer
Best.-Nr. **3925**

2. Klasse
Buch
Ca. 150 Seiten, davon
ca. 32 vierfarbig,
DIN A4, kartoniert
Best.-Nr. **3926**

CD
Ca. 60 Minuten
Spieldauer
Best.-Nr. **3927**

3. Klasse
Buch
Ca. 150 Seiten, davon
ca. 32 vierfarbig,
DIN A4, kartoniert
Best.-Nr. **3928**

CD
Ca. 60 Minuten
Spieldauer
Best.-Nr. **3929**

4. Klasse
Buch
Ca. 150 Seiten, davon
ca. 32 vierfarbig,
DIN A4, kartoniert
Best.-Nr. **3930**

CD
Ca. 60 Minuten
Spieldauer
Best.-Nr. **3931**

Übersichtliche Stundenbilder erleichtern die Unterrichtsvorbereitung durch **konkrete Erarbeitungs- und Organisationshinweise**, kompakte Hintergrundinformationen über Lieder, Musikstücke, Komponisten und Instrumente sowie Materialien, Kopiervorlagen und Begleit-CDs.

Bergedorfer® Grundschulpraxis – Kunst

1./2. Klasse
Band 1
Buch
122 Seiten, DIN A4,
kartoniert, vierfarbig
Best.-Nr. **3966**

Foliensatz
18 Farbfolien, DIN A5
Best.-Nr. **3970**

Band 2
Buch
Ca. 100 Seiten, DIN A4,
kartoniert, vierfarbig
Best.-Nr. **3967**

Foliensatz
Ca. 15 Farbfolien, DIN A5
Best.-Nr. **3971**

3./4. Klasse
Band 1
Buch
136 Seiten, DIN A4,
kartoniert, vierfarbig
Best.-Nr. **3968**

Foliensatz
18 Farbfolien, DIN A5
Best.-Nr. **3972**

Band 2
Buch
Ca. 100 Seiten, DIN A4,
kartoniert, vierfarbig
Best.-Nr. **3969**

Foliensatz
Ca. 15 Farbfolien, DIN A5
Best.-Nr. **3973**

Dieses umfassende, kindgemäße Materialangebot bietet präzise Anregungen für den Unterrichtsablauf. Alle strukturiert aufgebauten Unterrichtsreihen beinhalten in sich **abgeschlossene Unterrichtssequenzen**, die das Thema auf unterschiedliche Weise betrachten.

Bestellcoupon

Ja, bitte senden Sie mir/uns mit Rechnung

___ Expl. _____ Best.-Nr. _____
___ Expl. _____ Best.-Nr. _____
___ Expl. _____ Best.-Nr. _____
___ Expl. _____ Best.-Nr. _____
___ Expl. _____ Best.-Nr. _____
___ Expl. _____ Best.-Nr. _____
___ Expl. _____ Best.-Nr. _____

Bestellen Sie bequem direkt bei uns!
Telefon: 0 41 63/81 40 40, Fax: 0 41 63/81 40 50

Hier erfahren Sie auch die aktuellen Erscheinungstermine der Bände (Mo.–Fr. 8.00–16.00 Uhr).

Bitte kopieren und einsenden an:

Persen Verlag GmbH
Postfach 260
D-21637 Horneburg

Meine Anschrift lautet:

_____
Name/Vorname

_____
Straße

_____
PLZ/Ort

_____
E-Mail

_____
Datum/Unterschrift

Bergedorfer® Grundschulpraxis – alle Bände im Überblick

Für Ihre Notizen:

Für Ihre Notizen:

Für Ihre Notizen: